JN409468

뿌리 깊은 한국의 전통마을 32

선조들의 삶과 정서가 밴 옛 마을 탐방 수필

뿌리 깊은 한국의 전통마을 32

김나현 지음

수필과비평사

차례

2

3

4

5

머리말

월간《수필과비평》에 '옛것과 함께 살아가기'라는 표제로 우리나라 전통마을을 24회 연재했다. 고유의 정신문화와 양식을 오랫동안 보존해 온 한옥마을에 그 기준을 두었다. 현대에 조성한 마을은 제외했지만, 수몰로 이전한 군자마을은 예외다.

옛집을 개조하고 보수해 기대가 실망으로 바뀐 곳도 있다. 그런 중에도 전통의 맥을 꿋꿋하게 잇는 마을 현존이 듬직했다. 방문한 전통마을이 30여 곳, 그 명맥이 이어지는 중심에 종택을 지키는 종부와 종손이 있었다. 염두에 두고 간 건 아닌데 24회 연재분 중 같은 성씨 집성촌은 단 두 곳이었다.

여주이씨 예안김씨 동래정씨 선산김씨 일직손씨 거창신씨 하동정씨 성산이씨 부림홍씨 의성김씨 광주이씨(2) 영천이씨 풍산홍씨 청송심씨 경주최씨 밀양박씨 장흥위씨 탐진안씨 문화류씨 광산김씨 양근함씨…, 이 외 팔성 종가와 몇 성이 혼재하는 마을도 포함됐다. 집성촌이 경북지역에 대거 분포함이 놀랍다. 방문한 마을 중 경상북도 소재 마을이 반이 넘는다. 성씨와 본의 다양함이 한국의 씨족문화를 일깨운다.

귀한 만남도 있었다. 양동마을 무첨당 종부, 연당마을 석문 정연방 13

대손, 바래미마을 만회고택 종손, 매원마을 박곡종가 박곡 15대 종손, 입산마을 탐진안씨 종택 종부, 강골마을 이진래고택 차종부, 방촌마을 근암고택 후손, 송소고장 종손, 옻골마을 백불고택 14대 종손…. 이곳에 가지 않았으면 만나지 못했을 분들이다.

한옥은 조선 시대 양반가옥이며 한국의 집이다. 직접 대면한 한옥은 한 채 한 채가 종합예술품이었다. 시간이 담길수록 고풍스럽고 품위가 우러났다. 사람에게 세심하고, 배려 깊다. 한옥을 이룬 문살 기둥 문지방 마루청 서까래 대들보 등이 무엇 하나 허투루 끼워진 게 없다. 수작업으로 완성한 완벽한 작품이 한옥이었다.

마을 생성이 몇백 년에서 고대로 거슬러 오르는 이들 마을에서 하룻밤도 묵고, 이틀 밤도 묵었다. 다른 계절 풍경을 보려고 재차 간 마을도 생겼다. 그곳에서 밥 한 끼 먹고, 차 한 잔 마시고, 한나절은 머물려고 했다. 집성촌 삶과 문화가 밴 마을을 조석으로 돌아보고, 종택 종손이나 종부를 만났다.

자주 보니 한옥과 마을을 보는 눈이 열렸다. 길 위에서 보낸 시간을 넘치게 보상받았다.

"답사갔을 때 한옥에서 떨어져서 지식이나 정보만 훑고 오지 말고 반드시 대청에 오르고 방에 들어가서 내 손으로 문을 조작해 보아야 한다."라고 한 건축사학자 임석재 교수의 말에 크게 공감한다. 혹시 잊을까 봐 대청이나 툇마루에부터 앉아보곤 했다.

학자수 회화나무, 마을의 터주 같은 은행나무, 수백 년생 감나무, 배롱나무가 지키는 서원, 고택 처마에 주렁주렁 걸린 곶감, 이끼 낀 자연석 돌담…, 이런 것들이 눈에 밟혀 다시 갈 때는 카메라도 두고 홀가분하게 소요하리라.

지면을 내 준 '수필과비평'에 감사한다. 다달이 숨가쁘게 길 나설 때 동행해 준 친구들 공이 크다. 그들이 없었더라면 시골 고샅고샅을 찾아가는 일이 수월치 않았을 것이다. 한옥과 전통마을을, 옛것을 만나며 행복했다.

2023년 8월

김나현

1

경주 양동마을

영주 무섬마을

영양 연당마을

고령 개실마을

영덕 인량마을

아침 안개 드리운
물봉동산의 가을

경주
양동마을

한옥은 한국 정서를 대표하는 선두에 있지 않을까. 한옥이 품은 은근함, 고향처럼 안온한 온돌방, 나뭇결이 닳고 색이 바랜 마루, 어머니가 연상되는 장독대…. 이런 아늑함이 그리울 때 고택을 찾아간다. 오래된 한옥은 욕실이 방 내부에 있지 않다. 화장실 출입이 불편하지만 푸근함을 해칠 만큼은 아니다. 방바닥은 따뜻한데 웃풍이 솔솔 스며도 한옥 그 자체가 주는 정감이 좋다.

남녘 단풍이 절정이던 11월 초순에 유네스코 세계유산 양동마을을 찾아갔다. 경주야 가는 곳곳이 문화유산이고 절경이 아닌가. 가고 또 가도 물리지 않는 천년고도 경주는 한국의 보고임이 틀림없다. 보통의 여행이면 보문단지에서 자고 운곡서원 은행나무를 보러 갔을 것이다. 그러나 세계유산 마을을 단걸음에 돌아 나올 수는 없는 일, 하룻밤을 묵기로 한다.

회재 이언적 선생 종가 무첨당無忝堂에서 차를 마시고

양동마을은 경주손씨와 여주이씨 가문이 500여 년간 대를 이어 산다. 2010년에 유네스코 세계유산으로 등재돼 가치가 인정됐다. 옛 명문대가의 자취와 삶이 밴 고가뿐 아니라, 빈집 초가도 잘 관리해 마을이 괴괴하지 않다. 전통마을 중 규모나 원형 면에서도 보존이 가장 잘 된 조선 시대 양반 씨족 마을답다.

양동마을은 세 번째 방문이다. 마을 초입 '1909년에 소학으로 건교했다.'는 양동초등학교엔 하늘로 쭉쭉 뻗은 메타세쿼이아 몇 그루가 진흙 색으로 물들어 불길이 치솟는 듯하다. 마을로 곧장 가지 않고 운동장에서 나무에 취했을 때, 황토방 주인에게서 객이 언제 오는가 하고 전화가 온다. 어스름이 내리고도 온다던 손님이 오지 않으니 뭔 일인가 싶었나 보다.

저녁은 먹고 가야겠기에 마을 입구 거림골식당으로 들어섰다. 마당에 옹기종기 자리 잡은 장독이 마음을 끄는 수더분한 시골집이다. 부엌에서 고부지간인 듯한 늙은 두 여자가 주문을 기다린다. 저녁으로 잔치국수와 파전을 주문했다. 날이 저물도록 바깥 경치에 어울린 때문일까. 하루를 마무리하는 여행자의 의식처럼 동동주 한 잔이 당긴다. 동동주를 한 잔씩만 줄 수 있겠느냐고 묻자 흔쾌히 그러겠단다. 애주가인양 친구와 건배하고 동동주 한 모금 들이켜니 노정의 피로가 가시는 느낌이다.

동절기 저녁은 다섯 시만 돼도 쉬 이둑해진다. 숙소를 찾자니 어디가 어딘지 모르겠다. 마을 안에 들어서니 생각보다 규모가 크다. 숙소 할머니가, 작은 다리 두 개를 건너서 무첨당으로 쭉 오라던 말만 되뇐다. 안내 팻말을 따라가야 하는데 어둑하여 길을 찾지 못하고 그만 무첨당으로 들어섰다. 대문 두드리는 소리에 덕성스러워 보

무첨당 후문

이는 안주인이 나오더니 자기네는 숙박하지 않는단다. 골목을 한 바퀴 돌아 숙소를 찾는다는 게 이번에는 무첨당 후문이다. 뭣도 모르고 간 이 무첨당은 1540년대에 지은 양동마을의 대표 고택이었다. 향단, 관가정과 함께 국가 보물로 지정되었음도 알았다. 이 고택 담장을 낀 장독대 앞으로 맨드라미가 빨갛게 핀 정경이 어스름 속에서 강렬하다.

다음날, 무첨당 현판이 걸린 마루에서 시인인 종부가 내주는 맨드라미차를 마셨다. 전날 저녁에 본 맨드라미꽃이, 마을 담벼락에 기대어 피었던 맨드라미꽃이 차가 되어 앞에 놓였다. 조선 중기에 세운 무첨당은 성리학자이며 문신이었던 회재 이언적(1491~1553)선생 종가 일부다. 이곳을 알현한 후 양동마을 중심을 봤다는 뿌듯함에 젖었다.

어둑한 언덕에서 기다리던 할머니를 따라가니 숙소는 양동마을 산꼭대기 그 너머다. 150여 호 마을이 산 너머에까지 있을 줄이야. 앞서 왔던 두 번은 마을 앞만 훑고 간 게 다였다. 마을에서 하룻밤을 묵지 않았더라면 여직 몰랐을 일이다.

무첨당

불빛이 새어 나오는 소복한 초가 두 채가 이야기 속 한 페이지인 듯 다소곳하다. 하나 달린 아래채 문을 여니 딱 두 사람이 잘 만한 방이다. 장작불로 미리 데운 아랫목에 이불을 펴고 온기부터 가둔다. 쪽창 밖엔 끝이 보이지 않는 양동뜰이 펼쳐졌다. 이런 들판을 가졌으니 마을이 풍요했겠다. 그만한 들을 가질 만큼 선견있는 선조들 덕에 후손이 대대로 뿌리내리지 않았을까 싶다.

황토방엔 화장실이 안채에 있다. 한밤중에 잠이 깼는데 안채에 들어가면 할머니가 깰까 봐 친구를 깨웠다. 둘이서 마당 한쪽에서 볼일을 보곤 하늘을 보다가 깜짝 놀랐다. 청명한 하늘에 뽀빠이 과자 속에 든 별사탕 같은 별이 초롱초롱하게 보고 있는 게 아닌가. 속옷 바람으로 옹크린 채 별자리를 찾던 밤은 깊고 고요했다.

마을엔 무첨당(보물 제411호), 향단(보물 제412호), 관가정(보물 제442호), 손소영정, 서백당과 심수정, 강학당 등 지정문화재가 수두룩하다. 그만큼 역사가 깊은 마을은 터도 넓어 탐방 길도 일곱 갈래다. 앞산에서 뜬 해가 마을 꼭대기를 비출 무렵 산책에 나섰다. 무첨당에서 대성헌 물봉고개 물봉동산 영귀정 설천정사로 이어지는 길이다. 마을을 내려다보는 물봉동산으로 가는 길에 핀 구절초도 시들어 시린 계절이 가까움을 알린다. 집마다 아기자기한 화단이 있어 눈이 즐겁다.

빨간 감으로 존재감을 드러내는 감나무, 닭벼슬 같은 맨드라미꽃, 아침 안개 속에서 살포시 베일을 벗는 고택…. 전통마을의 초겨울은 정갈하고 말갛다. 물속에 잠긴 반영 같다. 이른 아침에 세계유산 마을을 동산에서 보고 섰다.

양동마을은 오랜 역사가 중심 뼈대라면, 늠름한 고목 역할도 빼놓을 수 없다. 이를 사진으로 담으면서도 실제 풍경만 못할 거라는 걸 짐작한다. 눈에 담는 게 최선이다.

숙소를 나설 무렵, 무첨당과 인연이 있는 이에게서 연락이 왔다. 무첨당 종부인 안주인이 다음날 있을 시제 장을 보러 나서는 길인데 그 전에 잠깐 짬을 낼 수 있겠다는 기별이다. 두 번 없을 기회를 놓칠세라 단걸음에 무첨당으로 갔다. 전날 저녁에 숙소를 찾느라 두 번이나 대면한 종부가 환히 반긴다. 회재 이언적 선생의 17대 종부시란다. 시인으로 활동하는 분인데 종부라는 자체로 우러러보인다.

대종가 별당 무첨당 현판이 걸린 마루에 오르니 감격스럽다. 마을에 유독 맨드라미가 많더라니. 조그만 찻상에 오른 맨드라미차의 달콤한 향과 붉은 빛깔, 오백 년 마루에 들이치는 노란 가을 햇살은 오래도록 기억할 무첨당 정물화다. 무첨당 종부 신순임 시인이 그가 지은 시집 〈양동 물봉골 이야기〉와 〈양동 물봉골 이야기 둘〉을 건넨다. 시집엔 양동마을 고택 이야기와 종부로 살아가는 일상, 이웃 사람들과 어울려 사는 이야기, 마

심수정 회화나무

을 전통과 범절 등이 담겼다. 시집만 읽어도 종부의 삶이 대략 읽힌다.

시집까지 받자 기분이 달뜬다. 짐을 챙겨 마을을 나오다가 식당 천막 카페로 들어갔다. 전날 파전과 잔치국수를 먹은 집이다. 마을이 보이는 전망 트인 두세 평 카페다. 이곳에 앉으니 보물 향단香壇이 액자 그림처럼 눈에 든다. 향단은 동방사현東方四賢의 한 사람인 이언적이 경상감사로 재직할 때 지었는데 마을 초입에서 눈에 띄는 집이다.

해가 중천에 오르기도 전에 방문객이 보인다. 그러거나 말거나 친구와 카페에서 마을 사람처럼 여유작작하게 그들을 구경한다. 저들도 수백 년 전부터 존재한 마을을 어찌 한두 시간에 다 읽겠는가. 아침 안개에 젖은

마을 골목을 걷고, 그곳에서 만든 된장으로 요리한 찌개를 먹었으니 이만 하면 됐다 싶다.

운곡서원 은행나무 보러 가는 길

운곡서원 가는 길에 버스를 잘못 탔다. 서원을 두세 정류장 남겨둔 데서 버스가 회차한다고, 걸어갈 거리는 아니라고 한다. 잘못 배달된 택배처럼 낯선 시골 어디에서 내렸다. 주위를 두리번거리니 화산1리라는 간판이 보인다. 시간에 쫓길 이유도 없다. 다음 차편을 기다리며 적요하지만 쓸쓸하지는 않은 마을을 돌아보기로 한다.

들꽃 그림이 걸린 '카페 안길', 담쟁이가 벽을 잠식한 샛노란 창고, 한적한 마을 사진을 찍으며 여행자 흉내를 낸다. 버스를 잘못 탄 덕이다. 그러다 찻길 가 지붕 낮은 함바식당으로 들어가는 직장인을 보고 따라 들어가 점심을 먹었다. 여행객 사연을 들은 식당 주인이 차로 운곡서원에 데려다주겠단다. 여정에 겪는 유쾌한 경험이다.

은행 단풍이 질세라 걸음을 재촉해 운곡서원을 찾아가니 나무 앞에 많은 카메라 삼각대가 서 있다. 해의 농도와 빛살의 강도에 따른 절정의 순간을 기다리는 카메라다. 마음이 급했는데 다행이다. 아직 철수하지 않은 카메라를 보며 안도한다. 가을 햇살을 역광으로 받은 아름드리 은행나무에서 나부끼는 투명한 잎이 순금 빛에 가깝다. 빛이 은행잎을 통과하자 금 이파리가 된다.

경주 강동면 왕신리 운제산 자락 운곡서원은 안동권씨 시조 권행의 공적을 추모하는 공간이다. 이 서원의 가을 풍경은 은행나무가 방점을 찍는다. 400년 안팎 수령인 은행나무 단풍은, 그 앞 정자 유연정悠然亭과 어우러져 고상한 가을 한 폭이 된다.

은행잎이 노랗게 물드는 계절이면 이곳에서 찍은 사진이 인터넷을 달군다. 나 역시 사진을 보고 벼르다 왔다. 하루에 몇 번 들어오는 버스가 제시간에 들어와도 차를 돌릴 공간이 없다. 오가던 차들이 길을 비켜주고 줄줄이 후진하고서야 겨우 몸을 돌린 버스를 향해 차를 기다리던 사람들이 박수를 보낸다. 버스 출발이 30분이나 지연됐지만 누구도 불평하지 않는다. 여행할 때는 스스로 여유를 찾는다. 자연 속에서 조급증도 사라지고 어느새 느긋함을 회복한 때문일 것이다.

집으로 돌아가는 길, 버스를 타고 안강에서 경주역으로 가는 길은 먼지가 폴폴 날리는 들길이다. 찻길 따라 철길도 어느 구간 나란히 달린다. 불쑥 내리고 싶은 충동이 이는 들녘을 달릴 때, 누군가가 배웅하는 듯해 자꾸만 버스 뒤 차창을 돌아본다. 노정의 낭만에 취한 그때까지도 곧 맞닥뜨릴 일은 생각지도 못한 채. 경주역에서 부산으로 가는 무궁화호 좌석에 앉았다가 자리를 뺏기고서야 친구가 하루 전 날짜로 기차표를 끊었다는 사실을 알았다. 길에서는 에피소드의 연속이다.

운곡서원

내성천 물돌이 마을과 외나무다리

영주
무섬마을

선비의 고장 경상북도, 그 남단의 경주부터 청도 상주 안동 영양 문경 영주 봉화…, 이들 지역은 산수가 수려한 데다 그만의 역사를 지녔다. 이 경북에 물돌이 마을이 몇 있다. 낙동강이 마을을 휘돌아 흐르는 안동 하회마을, 내성천이 마을을 감싸듯 도는 예천 회룡포와 영주 무섬마을이다. 이 중 내성천이 마을을 한 바퀴 돌아 흐르는 무섬은 물 위의 섬 같다고 하여 물섬(무섬)으로 불렸다.

모래밭이 광활한 내성천에 마을과 밖을 이었던 외나무다리가 놓여 있다. 마을로 들어가는 교량 수도교에서 보면 강둑이 마을을 감싸고 두른 형태다. 이곳 외나무다리에서 만난 일출과 일몰 때, 찰찰 흐르는 물소리도 들리지 않던 정적의 순간을 체험했다.

나무 숯불에 쌀밥을 해 먹었고, 신이 알려준 명당복지였다는 영주. 영주에서는 조선 명종이 '紹修'라 이름 짓고 직접 쓴 글을 현판에 새겨 하사한 소수서원, 소백산 능선이 자연 병풍으로 아스라이 펼쳐진 풍광을 보는 명당인 부석사 마당에 서 봐야 한다.

무량수전 앞마당 돌배나무에 기대어 보는 소백산 능선

최초의 사액 서원 소수서원에서 푸른 솔바람에 심신을 씻고 부석사로 간다. 유홍준 교수가 '우리나라에서 가장 아름다운 절집, 사무치는 마음

으로 가고 또 가고'라고 한 부석사. 뜬 돌이라는 그 이름에서부터 끌리는 절이다.

부석사에 갈 때는 은행나무 길을 명상하듯 천천히 걸어서 가야 한다. 언젠가 택시를 타고 부석사 경내에 덜렁 내렸다가 아무것도 보지 못한 허전함으로 내내 후회한 적이 있다. 일주문을 지나는 길은 절에 가는 마음가닥을 가지런히 잡는 길. 절 입구 사과밭 진입로로 들어서서 일주문도 천왕문도 지나 무량수전을 대면할 일이다.

부석사 주불전인 무량수전은 배흘림기둥으로 유명하다. 이는 최순우의『무량수전 배흘림기둥에 기대서서』가 한몫했다고 본다.

부석사 일출

그의 글 「부석사 무량수전」은 '…… 무량수전, 안양문, 조사당, 응향각들이 마치 그리움에 지친 듯 해쓱한 얼굴로 나를 반기고, 나는 무량수전 배흘림기둥에 기대서서….'로 시작한다. 배흘림은 중간 정도가 직경이 가장 크고 위와 아래로 갈수록 직경을 점차 줄여 만든 기둥으로 곡선의 체감을 갖는다. 그리스 파르테논신전 배흘림기둥이 아크로폴리스에 우뚝 선 웅장함으로 기억된다면, 무량수전 기둥은 고향 종갓집인 듯 듬직하고, 믿음직하다.

무량수전 앞마당 모퉁이에 돌배나무 한 그루가 있다. 늦여름에 돌배가 조롱조롱 열리는 이쯤에 서면, 아스라이 산봉우리가 겹겹이 둘러친 장대한 광경이 가슴을 채운다. 때맞춰 석양에 들면 하늘이 통째 물들고 부석사 경내 지붕들도 석양빛에 젖어 든다. 이런 장관에 카메라 렌즈를 대고 장노출로 촬영하는 이를 만나는 절이 부석사다.

추억하는 속도로 걷는 옛 마을 무섬

이 마을에 묵으려면 예약은 며칠 전에 해야 한다. 냉기 찬 온돌방을 데워야 하기에 시간이 필요하다. 여행할 때 대중교통을 이용하면 여정이 지루할 새가 없다. 현지인과 거리낌 없이 대화하다 보면 예정에 없던 볼거리가 생기고 일정이 변경되기도 한다. 영주에서도 심성이 순하고 인정 넘치는 사람들을 만나 유쾌했다. 이럴 때 그곳에서 만난 사람도 함께 기억 속에 저장된다.

부석사를 보고 무섬에 와서일까. 큰집 사당에 들렀다가 안채에 들른 기분이다. 고향을 그리는 향수를 가진 연배만 옛 마을을 찾는 건 아니다. 오래된 마을에서 젊은이도 이따금 만난다. 옛것이 주는 편안함은 세대를 구별하지 않는다. 무섬마을도 17세기 중반에 자리를 잡았으니 내 생에 비하면 가마득한 선조 격이다.

숙소로 예약한 오헌고택에 들어서니 널찍한 마당이 먼저 반긴다. 함께 온 친구들과 마루에 배낭을 내려놓고는 곧장 강으로 나갔다. 집 앞 강둑 너머가 내성천이다. 이 마을 명물인 외나무다리를 보러 가는 걸음이 수학여행 때 바다를 보고 내달리던 때와 다르지 않다.

누가 먼저랄 것도 없이 좁은 나무다리 위로 올라선다. 누구는 다리에 쪼그리고 앉아 손을 물에 담그고, 누구는 강 중간쯤에서 물 냄새를 맡는다. 숙소로 돌아갈 생각도 잊고 강에 있을 때 해가 이운다. 뜻밖에 다리 위에서 맞는 일몰이다. 성급한 해넘이에 물고랑도 강변 모래도 금세 노을색을 띤다. 저만치 마을에선 연기가 피어오르고…. 다들 함묵한 찰나를 카메라에 담으랴, 시시각각 일몰이 연출하는 분위기에 화닥화닥 뛰는 가슴을 진정시키랴….

냉한 몸을 뜨끈한 방에 누이자 나른함이 덮친다. 한껏 데워진 구들방에서 하루를 마감하는 시간, 수다로 밤이 깊은 줄도 모른다. 산 둥 만 둥, 창호지가 밝아올 무렵 입김을 뿜으며 강으로 내달렸다. 얼음 위를 구르듯 명징한 물소리만 들리는 겨울 아침, 한 사람이 걸어갈 만한 폭 좁은 다리 위에 서리꽃이 뽀얗게 피었다. 송송하게 솟은 서리를 밟고 올라서서 아무도 간 적 없는 길을 걷듯 조심조심 걸음을 내디딘다.

부석사 무량수전

이 무섬에 사람이 들어와 살기 시작한 게 1660년대, 반남박씨와 예안김씨 두 집안이 어울려 산다. 마을엔 조선 시대 사대부 전통가옥이 다수 현존한다. 가장 오래된 해우당과 만죽재는 무섬마을의 자부심이다. 시인 조지훈의 처가 만운고택이 마을 인지도를 높인다. 시인도 내성천을 따라 거닐며 시를 지었으려니. 집수리할 때 땅에서 엽전이 한 톤이나 나왔다는 부잣집 김위진가옥에서 시간의 무상함이랄까 그런 상념에 젖는다. 마을 담장을 따라 걷다 보면 어릴 적에 살던 골목이 떠오르고, 뒷집 친구도 생각나 걸음이 느려진다. 무던한 선대 같은 섬계초당과 일계고택은 숱한 이야기를 품은 듯 묵묵하다.

다시 어느 해 여름, 계획에 없이 불쑥 무섬을 찾았다. 오헌고택에 눈인사를 건네곤 강변으로 내려갔다. 물이 줄어 허리께 정도 되는 강물에 빠져도 생명이 위태롭진 않을 거라 여기며 신발을 벗어서 손에 들었다. 강 수면에서 튕긴 여름 햇빛이 눈을 강렬하게 찌른다. 다리 중간쯤에 이르니 유속

해우당

만죽재

섬계초당

일계고택

이 빨라 어지럽다. 마주 오는 사람과 서로 비킬 수 있는 비껴다리에서 모래밭으로 내려섰다. 시야에 드는 건 하늘과 강뿐이다.

무섬에 오면 남자 여자 어린이 어른 할 것 없이 외나무다리로 올라선다. 무슨 심정에서일까. 누구나 천진하고 해맑은 표정이 되어 다리를 건는다. 아마 그게 무섬마을 외나무다리를 찾는 이유가 아닐까.

그날, 외로운 다리에 이야기 하나 엮어주고 왔다. 은혜하는 이와 함께 다리를 건너면 그 사랑이 영글고 영원할 거라는 전설 아닌 전설을. 하면 다리도 이를 기억하고 영영 사랑이 지속되기를 염원하지 않을까.

솜뭉치를 띄워놓은 듯 뭉게구름이 둥실 핀 여름이나 서리 내린 겨울, 마을이 단풍에 덮인 가을이야 말할 것도 없다. 어느 계절이든 마을을 두른 긴 강둑에서 옛 시간 속을 거닐어 볼 일이다. 그런 다음 무섬식당 마당 탁자에서 청국장 정식에 도토리묵을 먹는 거다.

수도교를 지나올 때는 먼 데로 시집가는 사람처럼 뒤돌아봐진다. 마을에도, 저만치 놓인 외나무다리에도 작별을 고해야 하기 때문이다. 어느 여행지에서처럼 또 오마고 막연하게 기약한다. 설령 다음이 없을지라도, 언젠가는 아마도 다시 올 수 있을 거라 꿈꾸며.

연꽃처럼 고아한
서석지의 마을

영양
연당마을

이름에서 격이 느껴지는 연당마을. 연당蓮塘은 연꽃을 심은 못이 있는 곳이라는 뜻으로 서석지瑞石池를 일컫는다. 성균관 진사를 지낸 동래정씨 석문石門 정영방鄭榮邦(1577~1650) 선생이 서석지를 만들고 대대손손 뿌리내리는 터전을 이루었다. 정영방은 퇴계 제자 우복 정경세에게 수학했는데 퇴계학파는 이황-유성룡-정경세-정영방으로 그 흐름을 잇는다.

서석지엔 여름이면 군자인 양 연꽃이 고아하게 피고, 가을엔 사백 살 은행나무가 황금빛 은행잎을 연못 위로 쏟아붓는다. 은행잎도 연꽃도 진 겨울 서석지는 명상에 든 듯 고요하다. 서석지를 지키는 경정敬亭에 겨울 해가 들이치자 마룻바닥에 난간 문양이 흑백 그림을 그린다. 마른 연꽃 줄기만 남은 연지엔 잔설이 쌓였는데 적막하다기보다 따스하다.

한옥마을에 갈 때 오랜 것에 갖는 기대감이 있다. 영양군 입암면 연당마을에 가기 전 원래 가기로 한 마을은 이문열 소설가의 마을이자 부산 어느 수필가의 친정인 유우당이 있는 두들마을이다. 막상 가보니 묵은 티를 말끔히 벗겨낸 두들마을보다 소박하고 예스러움이 보전된 연당마을로 생각이 기울었다. 살았던 사람의 숨결이 담긴 옛집과 갈아치우지 않은 옛 흔적에 마음이 움직였다.

자양산 남쪽 기슭 연꽃이 피는 연당마을

연당마을은 조선 시대 성리학자로 오백여 수의 시를 남긴 석문 정연방 선생이 세파에서 벗어나 거처했던 곳이다. 1613년(광해군 5년)에 축조했다고 전하는 서석지에 온돌을 둔 정자 경정敬亭을 세우고 경정 뒤편에는 수직사守直舍를 두어 연못을 중심으로 한 생활에 불편이 없도록 했다. 조

그만 연못에는 단을 만들어 매화 국화 소나무 대나무를 심고 사우단이라 이름 붙이는 풍류도 즐겼다.

연당리 마을 앞을 흐르는 청기천에 가면 거북이를 닮았다는 구포바위를 만난다. 그곳에서 석문 선생이 남긴 시 두 편을 만났다.

구포龜浦
세월이 얼마나 지난 줄 알기나 하나
거북이 머무르다 유골이 되니
죽어도 오히려 맑은 못을 생각하며
짧은 기둥에 무늬로 감추기를 원치 않네

서석지 경정

나월엄蘿月崦

새로 뜬 달빛 서산 기슭 비추일 때면
바위는 찬란한 구슬같이 빛나서
내가 가끔씩 이를 보러 가려고 해도
아름다운 벼랑길은 찾을 수가 없도다

동래정씨만 살던 연당마을에 외지인도 서너 가구 들어와 산다. 고택 사이에서 새 기와집은 금방 눈에 띈다. 허여멀쑥해 보이는 새집은 앞으로 반백 년은 지나야 이들과 얼추 어울리겠다. 온고지신이라는 말처럼 전통을 잇자면 새 기운도 맞들어야 추진력도 생기지 않겠나. 주민 중 젊다는 이가 환갑 지난 연배라니 여느 시골 사정과 다르지 않다.

서석지는 보길도 세연정, 담양 소쇄원과 더불어 조선 시대 3대 민간정원으로 꼽았다. 그 정원을 터줏대감 격인 은행나무가 수문장처럼 지키고 섰다. 겨울 볕 따스하게 머무는 정자에 신발을 벗고 올랐다. 정자 난간에 서니 발아래 연밭에는 얼음이 얼고 그 위로 잔설이 깔렸다. 석문 선생의 시간을 품었을 연못은 침묵 중이다. 봄볕처럼 따스한, 난간 문양을 통과한 빛이 정자 마루에 또렷한 그림자를 드리운다. 쓸쓸하지 않은 오후 두 시 무렵, 차 생각이 절로 난다. 에스프레소든 믹스커피든, 누군가가 건네는 차라면 최상의 맛이 아니랴. 홀로 경정 마루를 다 차지한 충만감으로 그냥 떠나기가 아쉬운 겨울 한낮이다.

누마루 끝 난간 장식 하나하나가 수공예 작품이다. 난간이 빛을 받아들이는 감각이 아주 섬세하다. 스무 개쯤 되는 세로 지지대 사이사이로 구

름 모양 문양이 뚫렸는데 그 구름 틈으로 햇살이 통과하자 정자 마루가 빛과 그림자의 그림판이 된다. 서석지를 반추하면 떠오르는 흑백 그림이다. 이곳에서 시를 짓고 광해군의 폭정과 병자호란 세파에서 벗어났을 한 선비의 숨결이 아련히 전달된다.

석문 공의 14대손이라는 정인호 수필가는 그의 수필에서 자주 석문 선생을 언급한다. 선조의 덕과 재능을 물려받아 지금의 자신이 있노라고, 조상 자랑에 침이 마른다. 석문은 곧은 성정만큼이나 부부간 지조도 분명해 평생 전주류씨 부인만 바라보고 살았다고 한다. 자신에게 벼슬을 권한 이조판서 우복 정경세에게 명절 선물로 영덕대게를 올려보낸 일화는 유명하다. 옆으로 가는 게를 보냄으로써 벼슬자리에 나아가고 싶지 않다는 뜻을 명확히 했다는 것이다.

눈 덮인 골목 걸으며 옛사람의 흔적을 만나고

두들마을에 들렀다 연당마을로 가니 하얀 마을이 거기 있다. 소복소복 눈 덮인 촌락을 보니 선물을 받은 기분이다. 십 오륙 년 전, 복숭아꽃이 필 때 문우들과 문학기행 차 왔던 기억이 성큼 살아난다. 서석지 은행나무는 서석지를 지킨다는 일념인 듯 줄기를 당차게 뻗쳤다. 수령이 기록대로라면 440년, 이 은행나무가 서석지 연륜을 대변하며 연당마을 정체성이자 마을 중심이 되고 있다.

경정 고요 속에서 평화로울 때 마을을 안내할 분이 들어선다. 석문 공의 13대손으로 공직에서 퇴직하고 안동 집과 본가인 연당마을을 오가며 마을 일을 본다는 정구호 선생이다. 안동에서 오가며 고향 집을 관리하고 마을 일을 보자면 애향심과 후손으로서 사명감 같은 게 있어야 가능한 일일 테다. 이 마을은 길지라서인지 경상북도 도지사, 안동시장, 안동대학교 총장 등 걸출한 인물이 나왔다. 명당은 기본적으로 평온한 것이라는데 산기슭에 자리한 마을 집집이 편안해 보이고 마을에 흐르는 기운이 밝다. 마을 앞에 작은 내까지 흐르니 볼 줄 몰라도 배산임수라는 건 알겠다.

마을 태화당 고택은 석문의 9대손인 정익세가 1800년대 말에 세웠다. 반가 마을에서 본 집들은 하나같이 넓은 마당을 갖추었고 집채 앉음새가 여유롭다. 태화당도 집터가 꽤 널찍하다. 마루에 난간이 달린 안채의 반듯한 문은 전부 띠살문이다. 빛바랜 나뭇결 영향인지, 마당엔 잔설이 쌓였어도 따사한 볕이 품은 집 앉음새가 포근하다.

대청과 툇마루는 고택을 한결 고택답게 한다. 이런 집에서는 마루만 보면 앉아보고 싶다. 할아버지가 돌아가신 후로 적막해진 고향 큰집을 보는 것 같다. 주인이 거주했을 때는 제법 번듯했을 영감집은 장호시가 숭숭 구멍 나 빈집 티가 난다.

태화당 고방채는 한눈에 봐도 특이하다. 건물 양쪽 좁은 벽면은 토석담처럼 돌과 황토를 섞어 세웠다. 앞쪽 면은 나무판자를 이이 붙이고, 가로로 기다랗게 지지대를 했다. 나무로 둘러친 고방 벽은 통풍을 고려한 목적이 컸겠다. 지붕 위에 송송 자란 와송이 주인 없는 집도 생명이 유지됨을 보여 준다. 곳간채였을 이 오래된 고방을 바라보고 섰다.

영감집, 장독집, 사당, 빈집, 얼굴 뭉개진 석불 좌상…, 돌담과 기와가 허물어진 채 늙어가는 고가, 한 칸짜리 푸세식 화장실, 이끼 낀 담장 아래 놓인 깨진 장독, 문살 사이로 광목처럼 창호지가 너풀대는 집, 마루에 먼지가 쌓이고 문살이 바스러질 듯 홀로 견디는 집….

대대로 가족을 품었을 고적한 빈집은 민얼굴로 삭아가는 중이다. 빈집 회벽에 무늬를 그린 처마 그림자마저 안쓰럽다. 허물어지고 사라져 가는 것들이, 토담을 허물고 새로 쌓거나 말쑥하게 고친 집에서는 와 닿지 않던 그런 것들이 잔상에 남는다.

석문 선조의 선비정신을 기리고 마을을 살리자는 목적으로 축제도 연다. 예전에 왔을 때는 봄이었고, 이번에는 대한 무렵. 초록색이 퇴색하고 노란 잎이 연못 위로 펄펄 쏟아지는 장관도 꼭 봐야겠다. 마을을 안내하고 서석지 사계 사진을 보내 준, 석문 공의 성정을 닮았을 법한 정구호 선생께 감사드린다.

태화당

대가야 역사를 품고
묵어가는 고을

고령
개실마을

고령 개실마을은 선산김씨(일선김씨) 집성촌이다. 조선 중엽 무오사화 때 화를 면한 점필재 김종직의 후손들이 정착하면서 18대째 종가를 잇고 있다. 개실마을 점필재종택은 조선 후기 영남 사림파의 종조인 김종직(1431~1492) 가문의 종가다. 종택은 개실마을에 있지만 생기터는 밀양 부북면에 있는 추원재다.

그는 성리학 보급에 큰 영향력을 끼치고, 훈구파와 대응해 영남 사림파가 정계 진출하는 기반을 다져 놓았다. 김종직이 1470년 함양군수로 부임했을 때 문하에서 수학한 학통이 김굉필, 정여창, 이언적으로 이어졌다.

전통마을로 일찌감치 자리매김한 이 마을에 관광 차 들른 적이 있다. 그때는 마을 체험행사가 제법 성황리에 개최되어 참여도 했다. 2019년 말에 발발한 코로나 사태가 좀체 진정되지 않아 마을 방문 일정도 거푸

연기됐다. 다행히 부산에서 거리가 멀지 않아 친구 부부와 그들 차편으로 개실로 갔다.

고령에서는 대가야 역사의 본산인 지산동고분군과 대가야박물관은 꼭 보기를 권한다. 고령은 삼국시대에 대가야가 위치했던 지역이다. 당시의 무덤들이 대거 남아 있다. 거창 가는 길에 스쳐 지나는 대가야고분군. 어느 땐가 문학기행 갔을 때는 비가 와서 고분군 능선을 걸어보지 못했다. 그때 박물관에서 만난 순장 묘에 적잖이 충격을 받은 기억이 있다.

이번 방문 때는 고분군 산길을 걸으며 가야의 무덤 떼를 만났다. 고대 흔적을 만난다는 설렘 속에 경건해지는 길이었다.

점필재종택

문패마다 택호가 정겨운 담장 낮은 마을

마을 어귀 고만고만한 배롱나무 가로수가 단박에 시선을 잡는다. 희끗희끗하게 다부진 가지를 보아하니 이 또한 마을 역사가 되겠다. 마을 앞 개천 변에 소담스럽게 가지를 뻗친 겨울 느티나무가 연두색 싹이 튼 봄 정경을 상상케 한다.

방문하기 전에 숙박 여부를 마을 사무장에게 물어봤다. 그는 김종직의 18대손으로 공무원 생활을 접고 개실마을로 들어왔다는 사람이다. 민박을 치는 이가 대부분 고령인 어른들이라 코로나 위험도 있고 해서 숙박 손님을 받지 않는다는 답이 돌아온다.

점필재종택 안채가 높다란 축담 위에서 종가의 위엄을 내보인다. 종택이라는 말이 품은 무게와 격은 묵직하게 다가온다. 그 가문마다 흘러 내려오는 전통과 정신이 분명히 있을 것이다. 위상과 책임을 동반하는 종택에서 안주인은 어떤 마음일까. 무수한 종가 일과 찾아오는 손님치레로 연중 손이 마를 날 없을 것 같다. 그 자리를 채운 존재 자체로 듬직한 자리가 아닌가.

종댁 사랑채에 들렀을 때 몇 방문객만 보일 뿐, 한산하다. 종택 사랑채 대청마루 문 사이로 보이는 안채는 평화롭기만 하다. 그들의 시조 격인 점필재 선생이 부관참시당한 우여곡절을 알는지.

대부분 전통마을은 향촌이다. 이 시골 마을에서 평생을 함께 늙어 온 사람들이 자기네들 빈방에 농가민박을 친다. 웅기댁 창녕댁 석정댁 하동댁 덕동댁 신안댁…, 집마다 택호에 딱 어울리는 어르신이 살고 있을 것 같다. 찬 겨울이라 아랫목을 지키는지 골목엔 인기척이 없다. 마스크 쓰고 눈치 보느니 오히려 다행스럽다.

마을 앞 자그마한 비석 두 개가 특별해 보인다. 분명 내력 깃든 비석일 거라, 가까이서 보니 비석 글씨는 닳아서 읽을 수 없다. 옆 안내판을 보니 '합천에서 고령을 거쳐 서울로 향하는 진상품을 서로 인수인계한 장소'를 기념한다는 내용이다. 당시에 이 마을이 어떤 요충지로 한 역할을 했다는 기록이다. 분명한 역사가 존재하는 마을에 살며 자신도 그 자취가 되는 사람들 자부심이 클 듯하다.

마을 체험프로그램인 엿 만들기도 중단됐다. 엿을 만들고 맛보겠다던 계획이 어긋나 적이 실망스럽다. 대신 도자기체험장에서 진사 밥그릇과

도연재

국그릇을 사는 거로 아쉬움을 달랜다. 예전에 방문했을 때는 새끼꼬기와 화분 만들기 등 많은 체험행사가 있었다. 타 마을에 훨씬 앞서 전통마을로 자리매김한 마을인데 아무튼 코로나가 문제다.

이 마을 담장은 높지 않다. 보통 다른 한옥마을에서는 뒤꿈치를 들고 고개를 쭉 빼도 담장 안이 보일락 말락 하다. 이곳에서는 선 채로도 집 안을 들여다볼 수 있다. 담장을 낮게 해 바람을 통하게 하려는 목적인지, 타성바지가 없는 마을에 담장을 높일 이유가 없었는지는 모르겠다. 양반의 위세를 부린다거나 하는 거부감이 들지 않는다. 이런 담장을 따라 걷다가 대문 없는 빈집에 들어가 마루에 앉아 볕을 쬐고는 했다. 볕은 사람이 살거나 아니거나 고루고루 따스함을 나누고 빈집은 온기를 품었다.

주민이 사는 안채엔 촘촘히 달린 문이 벽을 대신한다. 어느 집을 구경하다가 문이 하도 많아 세어 보았다. 안채에 붙은 띠살 문짝이 무려 열댓 개다. 한껏 단순화한 창살의 문들 위로 서까래와 암막새가 만든 그림자가 동글동글 길게 띠를 이루니 그 반원을 다 셀 수 없나. 고덱이 통째 조형예술 작품으로 보이게 하는 데는 볕이라는 감각적 요소가 크게 작용한다.

한옥은 문살이나 문의 크기, 용도에 따른 구조까지 지역 고유의 정교함을 지닌다. 그중에서도 개실마을 문의 아기자기함과 촘촘히 짜인 문살의 섬세함은 가히 최고였다. 이런 외적인 감성조차 마을에 면면히 흐르는 맥이 아니겠는가.

냇가 버들가지에 오동통 물이 오를 때쯤, 느티나무가 선 개천과 마을 풍경이 삼삼하게 그려진다.

고분 능선 길에서 고대의 시간을 거닐다

구릉마다 크고 작은 고분이 능선을 이루었다. 큰 무덤은 주산의 능선을 따라, 작은 무덤은 경사면을 따라 분포했다. 지산동고분군은 가야국 최대 고분군으로 봉토분과 무덤이 셀 수 없이 널렸다. 신비롭고 놀라운 광경 앞에서 먼 고대의 인기척이라도 듣는 심정이다. 이곳 고분은 서기 400년 무렵부터 562년 사이에 만들어진, 왕과 다양한 신분층의 무덤이다.

고령지역에 사람이 들어와 살기 시작한 때가 2~3만 년 전, 구석기시대부터였다. 고령(高높은, 靈신령 혹은 영혼)이라는 지명도 이런 역사에 걸맞다. 거창 함양 산청 순창 여수까지 대가야에 포함됐다는 역사도 알게 됐다. 대가야라는 용어를 흘려들은 무지함이 부끄럽다. 가야국이 신라에 패망한 연맹 왕국으로 역사에 짧게 기록된 탓이었을까. 익히 들어온 신라 고구려 백제와는 다르게 잊힌 왕국이 부활한 느낌으로 다가온다.

대가야박물관에 가면 산 사람을 주인의 사후세계로까지 데려간 고대의 순장 문화에 기겁한다. 우리나라 최초로 발굴된 순장묘 왕릉인 지산동 44호 고분은 거의 산꼭대기에 있다. 이곳만은 봐야겠기에 숨이 차게 비탈길을 올라갔다. 32기의 순장 덧널이 나온 고분이니 규모가 얼마나 컸겠는가. 왕릉 못지않다. 부부, 부녀, 형제자매, 왕의 저승 생활을 염두에 둔 시종과 시녀, 호위무사, 창고지기, 마부, 일반 백성까지 함께 묻어 무덤 속에 작은 왕국을 만들었다. 이런 순장의 흔적은 아득한 옛날 일임에도 섬뜩하다.

중국 주나라 때는 천자의 무덤에 소나무를 심었다는데 그와 연관 지은 건가. 44호 고분 앞에 소나무 두 그루가 능선 이정표처럼 서 있다. 그 나무 아래 벤치에 앉으면 시야엔 어디에서도 보지 못한 불가사의한 풍경이 눈에 든다. 봉분 무덤들이 여기저기 산을 이루어 고대의 시간 속에 들어온 착각마저 든다. 아옹다옹 사는 일의 부질없음이랄까, 생명의 순환이랄까 하는 생각에 골몰하기도 한다. 겨울 오후 서너 시엔 봉분마다 해가

측면으로 닿는다. 구릉은 붉고 어두운 굴곡을 여실히 드러낸다. 숨죽였던 고대의 바람이 일고, 제 빛깔을 잃은 잔디와 붉은 황토색 볕과 봉분이 접선하는 신비로운 광경 앞에서 숨 멈춘다.

저 많은 고분군에 초록 싹이 일시에 올라오는 장면은 어떨까. 역사가 유구히 이어지듯 봄이면 생명의 기운이 무덤 위로 아지랑이처럼 피어오를 것이다. 고대의 혼백이 어쩌면 바람으로 주변을 감돌았을지도 모를 일, 경외감에 젖어 자세 여미고 고분 사이를 내려온다.

면 소재지 삼거리 기사식당에서 찬이 푸짐한 청국장 정식을 먹고 청동기 유적을 찾아 나선다. 보물 제605호 고령 장기리암각화다. 고령에 고분군만큼이나 오랜 역사가 깃든 암각화가 있음에 또 놀란다.

여행의 진미는, 봤던 풍경도 볼 때마다 다른 시각으로 보이는 데 있다. 고령은 처음부터 고대에서 누적돼 온 본질로 보게 되는 고을이다.

블루로드를 따라간
팔성 종가마을

영덕 인량마을

작은 안동으로 불리며, 고려 시대 이후로 많은 석학과 인물을 배출한 마을. 마을 표지석 명칭은 '인량2리 종가마을'이다. 여덟 종가가 뿌리내리고 이어온 마을로, 옛날엔 요즘 같은 전답이 거의 없을 정도로 마을이 번성했다.

동해를 낀 영덕에는 놀랍게도 전통마을이 두 곳 있다. 영양남씨 집성촌인 영해면 '괴시리 전통마을'과 창수면 '인량2리 종가마을'이다. 이 중 인량리 삼벽당에 묵기로 하고 영덕으로 향한다. 삼벽당은 조선 시대 문신 이중량의 종택으로 충효당, 오봉종택과 함께 마을을 대표하는 종택이다.

대중교통으로 유람하면 여행하는 실감이 제대로 난다. 발품 파는 불편과 고단함이 따르지만, 현지 환경을 생생하게 접한다는 이점이 있다. 영덕 가는 길도 뚜벅이 걸음이다. 부산에서 영덕터미널까지는 버스로, 거기서 인량리 마을까지는 바닷길을 걸어가는 일정이다.

어떤 장소를 떠올리면 그곳에 같이 간 사람도 곁가지로 생각난다. 오순도순 걸으며 공유한 시간과 풍경이 회상된다. 영덕 가는 길에는 두 문우가 길벗이 되어 걸었다. 바닷길을 따라 대게의 고장으로 가는 길에 하늘은 티 없이 맑고, 바다는 짙푸르렀다.

여행은 끝날 때까지 불확실한 시간의 연속

바다를 품은 작은 어촌에 당도했다. 낯선 땅에서 촉수로 탐색하듯 해안 경관을 훑고는 탄성을 내뱉는다. 오감으로 느끼는 바람과 바다 냄새는 부산과 같은 듯 다르다.

'경정1리' 표지석을 시작으로 블루로드를 출발한다. 블루로드는 부산 오륙도 해맞이공원에서 강원도 고성 통일전망대까지 이어지는 동해안 해파랑길 중 영덕 구간이다. 해파랑길을 곧장 따라가면 고성에 닿을까. 끝까지 가고 싶다는 생각이 든다. 종가마을까지 자동차로 목적지에 덜렁 당도하는 무미한 여행에 비할 바 아니다. 동행한 두 부산 사람도 바다를 처음 보는 사람처럼 들떴다.

기실, 바다는 인류가 생겨나기 훨씬 전부터 존재했을 터이다. 전통마을 생성과는 비교조차 할 수 없는 가마득한 시원의 바다, 태초의 바다. 만년 육지를 삼켰다가 뱉었다가 하는 중에도 여전히 그곳에 있었을 바다. 거대한 생명체로 통째 꿈틀대는 바다는 무섭지만, 블루로드 바다는 윤슬을 튕기며 눈부시다.

동해는 부산 바다와는 사뭇 다르게 통쾌하다. 미국 캘리포니아해변 1번 국도를 달릴 때 가도 가도 끝없이 열리던 태평양까지는 못되어도, 시야가 동해를 한눈에 다 담지 못한다. 이런 동해안을 가슴에 담고 살아온 사람과 아기자기한 다도해를 보고 산 사람과는 그 성정마저도 다르지 싶다. 개펄이 멀리 드러나는 다도해가 아늑하고 푸근한 반면 동해는 시원하고 거침이 없다.

바닷말을 따오는 마을 노인, 해안 뭍으로 올라와 몸을 쉬는 작은 어선, 방파제에 친 줄에 널려 꾸들꾸들 말라가는 가자미를 보며 생생한 삶을 본다. 바닷바람에 깔끔하니 잘 마른 생선을 양념에 졸여 먹고 싶은 점심나절, 세상 편한 자세로 방파제에 걸어앉았다. 방파제에 붉은 스프레이 페인트로 갈겨쓴 ㅇㅇ통닭 전화번호를 눌러보고 싶은 여유로운 시간. 일상도 잠시 잊고 바닷길에서 홀가분하다. 머리카락 날리며 마시는 달곰쌉쌀한 믹스커피는 이럴 때 꼭 필요한 충전재다.

축산항에 어선들이 다닥다닥 정박해 틈이 없다. 폭풍이 온다는 예보라도 있었음인가. 마치 밀집 주택가 같다. 팔딱대는 어촌 삶이 그곳에 담겼다. 수더분해 보이는 작은 식당에 들어갔다. 이곳에서 먹은 홍게는 게의 맛을 말할 때면 어김없이 들먹이게 된다. 속살이 푸들푸들 찬 대게를 연상했다가 실망이 컸다. 하지만 갓 잡아온 게로 요리한 게 맛은 여태 맛본 적 없는 고소한 바다 맛이다.

더러 블루로드가 산길과 바닷길로 갈라져 난감하다. 길을 물어볼 주민도 없어 만장일치로 바닷길을 택한다. 불안감이 앞선 그 길에는 오징어가 줄에 꿰여 말라가고, 길가 빈터엔 미역이 널렸다. 바닥에 줄지어 앉아 그

물을 손질하는 어부들을, 해안 너럭바위에서 낚싯대를 들고 선 낚시꾼을 만났다. 저들 낚시 통엔 감성돔과 학꽁치가 펄떡일 테지. 싱싱한 회를 상상하며 입맛을 다신다.

고래불해변을 안내하는 이정표 앞에서 종가마을로 방향을 튼다. 가보고 싶은 곳을 눈앞에 두고 발길 돌리려니 아쉬움이 크다. 여행은 불확실한 미래의 연속인가. 우리가 예견하지 못한 어떤 일은 밥을 먹으러 들어간 식당에서 일어났다. 영덕이 고향이라는 한 중년 남자가, 시끌시끌한 부산 아줌마들 대화를 들었나 보다. 그 자리에서 안내를 자청한다. 여자 셋은 그의 차에 덜렁 탔다. 그는 자기네 고장에 온 여행객을 차에 태우고 블루로드의 끝 명사 이십 리라는 고래불해수욕장을 밟게 해 주었다. 연락

처라도 받아 둘 걸. 그러나 이 또한 여행의 한 페이지로 남을 일. 영덕을 생각하면 기억나는 사람이다.

고가옥이 산재한 종가마을에 밤은 깊어가고

노정의 낭만을 만끽하고 늦은 오후에야 삼벽당에 들어선다. 큰 나무 대문이 휜 자연목 문지방 위로 묵직하게 달렸다. 집 주변에 소나무와 청오동나무, 대나무 등 푸른 나무가 있어 삼벽당三碧堂이라 이름 지었다. 과연 안채 뒤로 대나무와 소나무가 둘러쳤다. 울울한 나무처럼 뿌리 내린 종택이 세파를 다 겪은 사람처럼 무던한 표정으로 반긴다.

삼벽당

인량마을에는 오백 년 종가가 마을 전역에 널렸다. 선비의 문과 도가 전통으로 이어지며 인재가 배출된 마을답다. 단독 성씨가 집성촌을 이룬 다른 전통마을과 달리 이곳엔 안동권씨, 재령이씨 등 여덟 성씨가 산다.

삼벽당을 지키는 이는 종택 후손이 아니었다. 대도시에서 잘나가던 전직 미용사가 고가를 지켜보겠다고 들어왔다. 얼굴이 구릿빛으로 그을린 부부가 수줍게 들어서는 객을 환히 반기던 기억이 선하다. 요즘은 전문 다례사가 고택카페를 열고, 민박도 겸한다.

삼벽당 현판이 붙은 사랑채는 큰 마루 회당을 중심으로 작은 방이 칸칸이 문으로 연결되었다. 시렁이나 벽 서랍 등 옛 양식의 붙박이장을 보니 살림살이를 배려한 주인의 면면이 엿보인다. 요즘으로 치면 아파트 빌트인인 셈이다.

충효당

대문간 옆 높게 자리한 사랑채가 숙소다. 숙소 쪽문을 여니 난간 달린 쪽마루가 옆 벽까지 둘렀다. 그곳에 뒷짐을 지고 서서 '이리 오너라' 하면 딱 어울리겠다. 이 문을 열고 여자 셋이 옹기종기 볼을 맞대고 마당과 그 앞 들녘을 내다보았다.

인량마을 종택들은 각각 멀찌감치 거리를 두고 자리 잡았다. 현시대가 승용차나 아파트 평수로 생활 수준을 가늠하듯, 그때도 집과 땅이 부를 상징했을 것이다. 마을 앉음새도 널찍하니 여유롭다. 마을을 거닐자니 '좋다'라는 말이 절로 흘러나온다. 고향이 아닌 타향임에도 전혀 낯설지 않다.

종가마을에 고즈넉이 밤이 깊었다. 안주인이 챙겨온 자리끼를 윗목으로 밀어놓고 혼자 살며시 마루로 나갔다. 유서 깊은 마을에 뜬 별을 보고 싶었다. 마을 앉음새가 학의 두 날개 중 한쪽 날개 자리라는 삼벽당이다. 다른 쪽 날개 자리라는 저쪽 충효당 쪽에서 개 짖는 소리가 들려온다. 오밤중에 낯선 이의 기척이라도 알아챘음인가.

옛 마을 하늘에 별이 총총하다. 마을 기운이 이 밤에 다 축적되고 있는 듯하다. 이런 기운을 탯줄로 물려받아 걸출한 인물들이 나왔을까. 사는 이가 대를 이을 동안 묵묵히 자리를 지켰을 별들의 억겁 속에 나의 찰나도 새긴다. 마을에 흘러간 가마득한 시간을 압축 영상으로 보는 기분이다. 마을이 품은 에너지에 에워싸여 전율한다.

다음날, 예정에 없던 아침 식사에 놀랐다. 멀리서 온 객을 빈속으로 보내자니 맘이 쓰였던가. 안주인이 쑥국으로 아침밥을 차려준다. 삼벽당을 나오는 손엔 텃밭에서 뜯은 쑥도 한 봉지씩 들었다. 우리가 세상에 존재하기 훨씬 전부터 시대를 흘러왔을 옛집에서 훈훈한 인정을 덤으로 받았다. 세파에 맞서 늙어온 노옹 같은, 고택을 바라보는 것만으로 안락하다.

갔던 곳을 또 가더라도 똑같은 여행이란 없다. 다시 볼 땐 이전의 그것이 아니며, 세상도 세상을 보는 나도 이미 변했을 것이므로. 여행은 저마다의 눈으로 그곳을 읽는 행위, 어느 해 진달래꽃이 필 무렵 인량리 마을도 너끈하게 잘 읽었다.

지족당 사랑채

2

성주 한개마을
군위 한밤마을
봉화 바래미마을
칠곡 매원마을
의성 산운마을

집마다 학자수 늠름한 벼슬마을

성주
한개마을

성주와는 인연이 없었던가. 문학기행으로도 여행으로도 성주에는 간 기억이 없다. 성주참외와 숯불가마로만 기억되니 무지했거나 연결고리가 없었던 탓이겠다. 부산에서 성주 가는 길에 지나는 양산 밀양 창녕 고령과는 친숙한데 성주는 아는 게 없다는 생각만 든다.

이 성주에서 내세운 인생 관광지가 예사롭지 않다. 구미가 솔깃해진다. 세종대왕이 선택한 최고의 길지로 태교 여행지라는 세종대왕자태실, 선비 숨결이 맥을 잇는 한개마을, 옛 성산가야 터전인 성산동고분군, 500년 왕버들숲이 우거진 성밖숲, 한국의 무이구곡이라는 무흘구곡, 사액 서원인 회연서원…. 이것만 보더라도 성주는 역사와 전통과 자연이 조화롭게 어우러진 도시임을 짐작한다.

성주 월항면 한개마을은 전선을 매설했다. 마을에 들어설 때 뭔가 모르게 정돈된 분위기였던 게 그런 이유에서였다. 단정한 마을 골목마다 유서 깊은 고택이 마을 품격을 높인다. 북비고택을 비롯한 여러 종택, 학자수 회화나무가 마을이 지닌 내력을 내비친다.

성주 남단에 자리한 수륜면 회연서원은 한갓지다. 이 서원 앞에는 아름드리 느티나무가 당차게 서서 지킴이를 자처한다. 어느 여름, 이 서원 문루인 현도루에 올랐더니 주변이 온통 배롱나무꽃이다. 잠비에 젖은 배롱나무꽃도 우중 사색 중이었다. 성주에서 이 서원을 대면한 것만으로도 충분했다.

학자수가 당당한 선비마을의 숨결

한개마을은 성산이씨 집성촌이다. 응와종택은 성산이씨 발상지다. 조선 세종 때 진주목사를 지낸 이무가 입향하면서부터다. 600여 년 이어온 이 마을에서 대과와 소과 등 과거급제자가 다수 나왔으며 응와 이원조, 한주 이진상 등 유학자와 독립운동에 헌신한 이승희가 탄생했다.

영취산 자락에 비스듬히 자리 잡은 마을 전망이 탁 트여 시원하다. 멀리 들판을 낀 안산이 마을 어디에서도 보이고, 어느 집 할 것 없이 햇볕이 고루 든다. 태어나면서부터 이런 환경에서 자라 급제자가 나오고, 일명 벼슬 마을이라 불리었는가 싶다. 대과 급제자가 귀향할 때 삼 일간 풍물놀이를 펼쳤다는 광대거리가 현존하고, 그 거리에 광대바위도 있다. 마을로 들어서는 길이 널찍한 까닭이다.

마을 고샅길도 넓다. 현대에 와서 골목을 확장한 게 아니란다. 예전부터 넓었다는데 이는 수레가 다니려는 목적이었을 것 같다.

응와종택 사랑채

북비고택

마을에 들어서니 잘 정돈된 느낌이다. 사진을 찍을 때 으레 화각에 걸리는 전깃줄이 없다. 해설사로부터 설명을 듣고서 그 이유가 전봇대가 없어서라는 걸 알았다. 민속 마을로 지정될 때 가장 먼저 한 일이 전봇대를 매설하는 일이었다고. 아름다운 풍광 속에 동화된 문화유산 마을로 보전하려는 노력이 가상하다.

대부분 안채에는 주민이 거주해 사랑채 위주로 보는 안내다. 울타리 안으로 높이 솟은 은행나무에 취해 있으니 해설사가 덧붙인다. 샛노란 은행잎이 긴 골목에 카펫처럼 깔린 정경이 백미라고. 잿빛 기와지붕과 노란 단풍이 고택 정취를 제대로 녹여낼 듯싶다. 팔월은 배롱나무의 계절, 진분홍인 듯 선홍색인 듯 농염한 배롱나무꽃이 흐드러지게 피어 고택이 황홀경에 들었다. 체통과 예술의 조화랄까. 체면을 중시하는 선비마을의

풍류랄까.

급제자가 나온 집마다 기념나무를 심었다더니 집집이 회화나무 한 그루씩 문패인 듯 서 있다. 이 학자수가 문간을 지키는 교리댁은 창건주의 후손인 이귀상이 홍문관 교리를 역임하여 붙은 이름이다. 마당 한쪽에 푸른 잎이 넌출진 파초 몇 그루가 단박에 눈길을 끈다. 보통 가정집에서 파초를 보기란 쉽지 않다. 평소 파초를 좋아해서 화분에 옮겨 심은 적이 있다. 한 무더기 파초를 보고 감탄하니 해설사가 탱자나무를 가리킨다.

탱자나무는 한눈에 보기에도 노거수다. 아이 주먹만 한 진녹색 탱자가 조롱조롱 달렸다. 울타리용 탱자나무가 아니다. 와룡매처럼 휘었다. 이 나무는 이원조 대감이 제주 목사로 재임할 때 받은 감귤나무란다. 제주와는 다른 이곳 토양과 기후 환경에 탱자처럼 환골탈태한 결과였다. 옹이가

두툴두툴한 자목련 고목 아래에 말을 탈 때 밟고 올랐다는 상마석이 호젓하다.

북비고택은 역사가 남긴 자취다. 북비고택이 있는 응와종택 응와세가 현판이 걸린 솟을대문에는 문턱이 없다. 응와대감이 수레를 타고 다닌 연유였다. 이 집 대문을 들어서면 북비北扉라 쓰인 현판 사립문이 나오는데 특이하게도 사립문을 북쪽으로 내었다. 보통 북쪽은 죽음의 방향을 뜻한다. 사도세자 선전관을 지낸 이석문이 사도세자가 죽자 그를 애도하며 북쪽으로 사립문을 내고 평생 은거했다. 북비고택이 된 사연이다.

교리댁

한주종택은 독립운동가 이승희의 집, 조선 말기 대표 유학자인 이진상이 이곳에서 태어나고 성장했다. 그의 아들인 이승희와 그 손자 이기원과 이기인이 독립운동해 부자가 건국훈장을 수훈했다. 이 한주종택 대문 앞에도 회화나무 한 그루가 가문을 알린다. 이 집 앞쯤에서 돌로만 쌓은 돌담이 시작된다. 잡것이 섞이지 않은 돌담장은 더러 풀숲에 묻히고 굴뚝 뒤로 돌아앉아 묻혔다. 토석담과 자연석 돌담이 마을을 잇지만 눈길과 관심은 돌담으로 쏠린다.

마을을 걸으며 푸근한 분위기에 동한 친구가 한마디 거든다. 죄지은 사람들을 교도소에 보낼 게 아니라 이런 마을에 데려다 놓아야 한다고. 그들 스스로 마음을 정화해서 죄를 뉘우치게 될 거라고. 듣고 보니 일리 있다. 심성 밑바닥부터 순화하면 죄지을 일도 없지 않겠는가. 한여름 볕은 따가운데 부러 뿌리듯 빗방울이 후드득 듣는다. 양산을 썼다가 접었다 하는 중에 손에 들었던 빨간색 볼펜을 길에 흘렸다. 라이카 카메라를 사고 사은품으로 받은 볼펜인데 걸어온 길을 되돌아 걷기에는 너무 덥다. 이를 본 해설사가 건넨 볼펜이 기념품으로 남았다.

어디이건 사람이 살지 않는 집은 고적하다. 한개마을에서는 그런 빈집에 갖는 생각보다는 골목이 흙길이었으면 하는 아쉬움이 따른다. 경사진 골목이라 흙이 흘러내리는 통에 황토를 섞어 포장했다는 설명이 따른다.

이런 마을도 사계절을 봐야 마을을 다 봤다고 할 수 있을 게다. 기와지붕을 호위하듯 굽어보는 은행나무에 자꾸 눈길이 간다. 골목에 노란 단풍이 깔린 운치가 그만이라고, 가을에 다시 오라고 해설사가 유혹한다. 비가 오면 그만의 은근한 운치가 있겠고, 또 기와지붕을 덮은 단풍도 볼만하겠다. 언제 또 올지 기약은 없다. 재방문할 목록에는 올려 둔다.

배롱나무와 느티나무가 있는 한갓진 회연서원

봄엔 매화 향기 자욱하고, 여름엔 배롱나무꽃 피고 느티나무가 우거지는 곳. 팔월 어느 날엔가 회연서원에 비가 추적추적 내린다. 서원 문루 현도루 주변 배롱나무꽃이 비를 머금어 핏물을 뚝뚝 흘리는 듯하다. 회연서원은 선조 때 대 유학자인 한강 정구 선생을 추모하고 유학을 가르친

한주종택

한주종택 한주정사

강학 장소로 숙종 때 현판, 서적, 토지, 노비를 하사받아 사액 서원이 되었다. 고종 때 서원 철폐령에 훼철됐다가 1970년대에 복원했다.

대부분 서원이 그렇듯 회연서원도 주변 풍광이 수려하다. 이날따라 방문객도 없다. 현도루에 올라 서원 전경을 보자니 물기 머금은 초록이 최절정이다. 봄이었다면 한강 선생이 심었다는 몇 그루 백매화라도 접견했으련만. 백매원 매화나무엔 초록 잎만 시푸르고, 매화 못 본 아쉬움을 배롱나무꽃이 달래준다. 서원을 지키는 사백 살 느티나무의 위용도 서원 존재감을 추켜올린다.

서원 뒷동산 꼭대기 봉비암은 '무흘구곡' 중 제1곡 배경이 된 곳이다. 무흘구곡은 정구 선생이 남송 때 주희가 지은 '무이구곡'을 본받아 지은 칠언절구로 조선의 구곡문화는 여기서 비롯됐다. 도산구곡(안동), 무흘구곡(성주), 화양구곡(괴산) 등 구곡은 단순히 수려한 계곡만을 뜻하지 않는다. 당대 지식인의 정신세계와 자연관이 녹아든 정신 유산이다.

봉비암 동산에 서니 절벽 아래로 대가천 절경이 열린다.

一曲灘頭泛釣船일곡탄두범조선 일곡이라 여울 어귀에 낚싯배를 띄우니
風絲繚繞夕陽川풍사료요석양천 석양빛 시내 위에 실 같은 바람 감도네
誰知捐盡人間念수지연진인간념 뉘 알리오, 인간 세상의 잡념 다 버리고
唯執檀槳拂晩煙유집단장불만연 박달나무 삿대 잡고 저문 안개 휘젓는 줄을

– 무흘구곡 중 제1곡「봉비암」

회연서원

오가는 길에 청도에서 먹은 표고버섯 사찰탕수이는 양념맛이 강하지 않아 당기는 맛이다. 비움과 무념의 시간을 오롯이 겪은 한옥 아소재의 밤은 소란스러웠다. 밤새 매미가 울어 쌓고 풀벌레는 머리맡에서 아우성쳤다. 성주는 선비마을 한개의 기품과 회연서원 아늑한 정취로 재인식된다.

강돌로 쌓은 담장이 예스러운
돌담 마을

군위
한밤마을

어릴 적, 간밤에 이불을 적신 날이면 뒷집으로 소금을 얻으러 갔다. 제 키만 한 키를 둘러쓰고 바가지를 들고 뒷집 영옥이네로 가야 했다. 어린 마음에도 수치심이 일어 주저주저 걷던 돌담길. 지금은 그 돌담이 시멘트 블록으로 바뀌어도 내겐 늘 소금 얻으러 가는 길로 회상되는 길이다. 고향의 그런 돌담을 한밤마을에서 만났다.

먼 세월을 머금고 십 리의 돌담이 고택을 에두른, 경상북도 군위군 대율리 한밤마을이다. 널찍널찍 앉은 집을 나지막한 돌담이 잇는다. 담장엔 담쟁이덩굴이 얼기설기 들러붙었고 긴 골목 마디마다 집이 들어앉았다. 시월 중순 돌담엔 이끼가 보송하게 덮여 마을 풍취에 한몫한다.

돌담이 길을 여는 골목 안 풍경이 궁금하다. 길을 따라 줄곧 가면 마을이 열리고 골목이 이어진다. 끊일 듯 이어지는 돌담길을 도중에 돌아 나왔다가는 후회할 일이다.

골목 끝에서 유년의 추억이 달려오고

울퉁불퉁 투박하고 견고한 돌담 틈으로 잡풀이 송송 고개를 내밀었다. 방향도 모르고 골목을 마냥 걸으며 유년의 소꿉동무가 저만치서 달려오는 환시에 젖는다. 가을이 시나브로 익어가는 시기라 돌담 따라 산수유도 빨갛게 여무는 중이다. 한 알 따서 맛보니 시큼하고 텁텁하다. 얼핏 보아 보리수 열매인가 했다. 산수유 열매는 보리수 열매보다 모양이 더 길쭉하다.

한밤마을 강돌 돌담에서 향토정서가 물씬하다. 시멘트나 황토를 섞지 않고 순수 돌만으로 쌓은 담장이다. 이런 돌담장이 길과 집을 경계 짓고 최소한의 영역을 표시했다. 담장도 나지막하니 외부 시선을 막는 거부감 같은 게 없다. 담장이 아름답다는 타 마을들도 옛담이라고 이름은 붙였지

만 대부분 황토를 섞은 토석담이었다. 이 마을처럼 돌로만 쌓은 담장은 흔치 않다. 산수유꽃이 노랗게 핀 봄과, 단아하게 눈 덮인 겨울 마을을 상상하며 걷는다. 단풍 든 담쟁이가 돌담을 치장하고, 산수유 열매와 감이 빨갛게 익어가는 가을 정경은 전생 한국의 전원 풍경이다.

한밤마을은 950년경 부림홍씨 홍란 선비가 이주하면서 형성됐다고 전한다. 아무렇게 놓은 듯 싶지만 작은 흔들림도 없는 담장을 보며 어느 솜씨 좋은 후손이 쌓았을끼를 생각한다. 돌을 쌓은 옛사람의 음성이 들리는 듯하다.

이 마을에도 고택과 현대주택이 공존한다. 골목 하나를 사이에 두고 이들이 마주하고 산다. 현대와 역사를 동시에 아우른 돌 하나를 슬쩍 흔들어 봐도 꿈쩍하지 않는다. 딱히 장비도 쓰지 않고 손으로만 쌓았을 돌담. 담 사이로 바람은 숭숭 통하겠지만 서로 맞물려 흔들림이 없다. 어떤 간

한밤 돌담 옛길 2

절함을 품고 쌓았을까. 강을 따라 흘러온 돌이 이곳에 정착했으니 돌의 운명이자 마을과의 인연이겠다.

부림홍씨 집성촌 대율리 누각 대청

대율리 전통마을은 부림홍씨 집성촌이다. 남천고택은 부림홍씨 문중 주택이며, 군위군에서 가장 오래된 집이라는 명예가 붙었다. 마을엔 쌍백당으로 불리는 이 집 외 경의재 경희재 동천정 애연당 정일재 같은 정자가 있지만 관리가 소홀한 면이 보인다. 남천고택과 이웃한 동천성반 해도 방치되다시피 했다. 대문은 잠겼고 마당엔 잡풀이 무성하다. 낡고 스산한 정자는 생의 덧없음을 침묵으로 삭이는 듯하다.

아쉬움이 크다. 보려 한 남천고택 대문이 자물쇠로 잠겼다. 숙박객에게만 개방하기에 들어갈 수 없단다. 마을을 찾아온 방문객이 환영받지 못하고 소박 받는 기분이다. 너도나도 들어가 사진 찍고 번잡하게 하니 사람에 질릴 법도 하다. 양해를 구해도 매몰차게 거절한다. 여타 한옥마을도 많은 방문객이 찾지만, 대문은 방문객을 배려해 열어둔 곳도 많다. 이런 네는 고마운 생각으로 걸음을 더 조심하게 된다. 종택을 지키는 종부도 타 고택을 견학하는데 대문이 잠겨 당혹스럽더라는 말을 들었다. 같은 마음이지 싶다.

대율리 대청은 너른 터를 차지하고 마을 중심을 지킨다. 대청마루에 걸터앉으면 사방이 트여 풍경이 파노라마처럼 눈에 든다. 이 누각형 대청 건물은 임진왜란 때 불타서 1632년에 중창했다. 과거엔 학사學舍로 사용한 이력도 있다. 자연석 주춧돌을 놓고 두리기둥을 세운 이 누각 마루에 앉아 보라. 사면 기둥 사이로 보이는 마을과 자연 풍경에 취할 테니.

외국을 여행하며 사진만 찍어댈 때, 돌계단에 앉아 관조하는 유럽 여행객이 부러웠다. 그들이 보는 우리네 바쁜 여행스타일은 어떤 모습으로 비칠까. 얼마나 여유 없이 훑고 다니는 사람들로 보일까. 여행지에서 보는 어떤 문물보다 그곳 아무 곳에나 앉아 여정의 여유를 부리는 이런 여행객이 기억에 남는다. 외국이든 국내든 느긋하게 앉아 쉬며 그들을 흉내 내리라는 결의 같은 게 생겼다.

혹여 잊고 나올까 봐 얼른 대청마루에 앉았다. 남천고택 앞 은행나무가 구름 몇 점 떠 있는 새파란 하늘로 시원스럽게 가지를 뻗쳤다. 누각마저 출입이 금지됐더라면 크게 상심할 뻔했다. 이 대청에 앉아 보고 가슴 후련한 사면 경치를 맛봤으니 됐다.

대청은 마을 사람들이 행사 치르기에 최적의 장소로 보인다. 코로나 전

까지만 해도 이 대청에서 고택음악회가 열렸다. 단청하지 않은 누각에서 한복으로 성장한 예술인이 공연하면 눈으로 접하는 김홍도 그림 같지 않을까. 단청은 건물을 아름답고 장엄하게 꾸민다. 또한 단청은 목재가 썩는 것을 막아 주어 건물의 수명을 늘리기도 한다. 단청한 데서 화려한 아름다움을 찾기도 하겠지만, 색소를 입히지 않은 자연색이 주는 안락감이 더 크다. 은행나무 몇 그루가 하늘을 가린 대율리 대청 그림 속에 한동안 머문다.

시월 중순 은행잎엔 녹색 끼가 다분하다. 나무 고도에 따라 색색의 녹색이 그러데이션으로 익어가는 가을 속에서 황홀하다. 가을이 무르익어 쏟아붓듯 은행잎이 낙하하면 그도 장관이겠다.

이 마을을 둘러보려면 마을안내도를 먼저 보기를 권한다. 한밤8길까지 있을 정도로 마을이 넓다. 자동차가 들어서기에 따라 대율2리 마을회관 쪽이나 건너편 대율리 대청으로 들어선다. 무작정 걷다 보면 자칫 일부만

보고 나올 터. 지존재길, 남천고택과 대청이 있는 길, 석조여래입상이 있는 길 등 마을을 두루 걷고 주변 둘레길도 걸어보기를. 담장 너머 기와지붕 용마루 능선과 추녀, 처마를 눈에 담으며 도란도란 여행해 보기를. 그러자면 이 마을에서는 시간 개념을 내려놓을 일이다.

군위에 왔으면 군위삼존석굴 참배는 기본이다. 웅장한 바위 동굴에 앉은 삼존불은 토함산 석굴암보다 이른 시기에 만들었다는 국보다. 그 옆

청정한 계곡에서 생각을 정화하고 삼존불 앞에서 성스러운 기운도 받아 보자. 이 외 일연스님이 삼국유사와 불교 서적 다수를 저술한 인각사, 예쁜 화본역과 화본마을, 원효구도의 길과 김수환 추기경 생가 등 군위에는 갈 곳이 많다. 삼존석굴에 먼저 참배하고 마을을 걸으니 맘속이 평온하다.

혼반 1순위로 손꼽은
해저리 마을

봉화
바래미마을

배산임수 길지가 많아서인가. 당쟁 여파에 휩쓸리지 않고 맘 편히 살기에 낙낙해서인가. 봉화엔 전통마을이 곳곳에 있다. 바래미와 닭실, 숨은 보석 같은 오록1리 창마마을, 법전마을을 답사하는 걸음이 즐겁다.

문명의 바람이 늦게 닿은 봉화도 시대 흐름을 타고 변화했다. 몇 해 전에 왔을 때만 해도 영주에서 굽이굽이 봉화로 들어갈 때 맑은 풍광만 봐도 심신이 생기찼다. 그때 아름답게 각인된 청정한 길을 기대했는데 눈앞에 열리는 길이 낯설기만 하다. 길은 확장되고 직선화했다. 봉화 영양 청송이 오지의 대명사라는 말도 옛말이다. 오지라는 용어가 무색하게 도로 주변 환경이 자연의 본모습에서 멀어지고 말끔해졌다. 굽은 도로가 곧게 펴져 자동차는 달리기가 수월하다. 지역이 발전하기를 주민은 바랄 터이지만 옛 모습이 사라져 적이 실망스럽다.

봉화에는 자연과 마을 등 경승지에서 뽑은 48경이 있다. 볼만한 경치

가 얼마나 많았으면 48까지 꼽았을까. 그중에서 다시 8경을 추렸는데 청량산이 첫 순서로 등장한다. 이어 춘양목 군락지, 청암정과 석천계곡, 백천계곡, 띠띠미산수유마을, 낙동강세평하늘길, 축서사 석양, 고선계곡이 뒤를 따른다.

닭실마을은 마을 역사에 비하면 썩 전통마을 느낌은 아니다. 한옥이 분포했지만 고택 느낌이라기보다 말끔한 시골 마을 풍이다. 그간 양동 · 한개 · 개평 · 황산마을 같은 번듯한 전통마을을 봐서일까. 차선으로 기대한 바래미마을에서 하룻밤 묵기를 잘했다는 생각이 든다. 숙소 만회고택에서 추천받은 풍산김씨 집성촌 오록마을, 안내 지도를 따라간 띠띠미산수유마을은 봉화에서 만난 선물이다. 어느 계절이고 다시 가고 싶어질 것이다.

청암정

닭실마을, 안동권씨의 청암정

봉화 첫 방문지는 안동권씨의 닭실마을이다. 『택리지』의 이중환이 빼어난 경승지로 손꼽은 마을이고, 충재 권벌이 은거한 곳으로 오백 년 역사라고 하니 기대가 컸다. 권벌(1478~1548)은 조선 시대 홍문관 수찬, 사간원 정언을 역임한 문신이며 학자다. 그가 닭실마을에 세운 정자가 청암정이다. 청암정은 닭실마을을 대표하는 종택에 딸린 정자다.

닭실마을 초입에 들어서자 풍요한 들판이 펼쳐졌고 작은 마을이 길게 자리했다. 고택을 찾아 두리번대니 산뜻한 기와지붕만 눈에 띈다. 종손이 산다는 권벌 종택 대문도 안으로 잠겨 보여주기를 거부한다. 전통마을에서는 종택 탐방이 필수인데 허탈한 심정으로 청암정으로 향할 수밖에.

해설사와 동행했더라면 들어갈 수 있었을까. 담장 안으로 보이는 종택 마당이 산만하고 어지럽다. 도시에서 간간이 오가며 집을 관리하나 보다.

청암정은 닭실마을 정체성을 상징하는 곳이다. 충재 선생이 기묘사화에 연루되고 낙향해 종가를 지을 때 같이 지은 정자다. 집 옆에 못을 파고 못 가운데 솟은 너럭바위 위에 정자를 올렸다. 연못을 사이에 두고 충재 선생이 서재로 쓴 별채가 아담하게 앉았다. 마당에 단풍잎이 카펫처럼 깔려 짙붉다. 아직도 단풍잎이 하나둘 마당으로 사뿐히 내려앉는다. 주인은 오래전에 집을 비웠어도 흔적은 대를 잇고 마을 위상을 담당한다.

청암정으로 들어가는 돌다리를 막아 놓았다. 퇴계 이황, 미수 허목, 번암 채제공 같은 대학자가 남겼다는 편액을 볼 수 없다. 청암정에 올라 앞들판 풍경을 눈에 담고 낙향한 선비의 시간을 더듬고 싶건만. 당시 많은 선비가 충재 선생을 찾아 청암정에 찾아왔다는데, 단풍잎만 수면을 덮고 그 위로 가녀린 바람만 스친다.

마을엔 석천정사 삼계서원 사동재사 같은 문화재가 있다. 오백 년을 이어왔다는 마을 명물 한과라도 맛보았더라면 덜 허전했을까. 충재박물관마저 소독 중이라며 입장을 막는다. 고택을 개방하는 정도나 손님을 대하는 주민의 태도가 마을 인상을 크게 좌우한다. 닭실마을을 나오며 썩 유쾌하지 않은 이유다. 그나마 석천계곡 석천정사 가는 솔바람 길에서 섭섭한 마음을 씻는다.

바래미, 혼반婚班 마을 첫손가락에 꼽은 의성김씨 마을

태극기가 골목을 따라 내걸렸다. 해저리 바래미마을은 의성김씨 동성 마을로 혼반 마을 첫손가락에 꼽았다고. 이 말은 만회고택 주인 김시원 선생이 힘주어 한 말이다. 마을 들머리 만회고택, 토향고택부터 아래쪽 김건영가옥, 해와고택, 남호구택, 소강고택, 개암종택, 팔오헌종택 등 마을엔 번듯한 집이 널렸다. 한옥 민박을 하는 곳이 많아 숙소 걱정은 하지 않아도 된다. 그래도 요즘은 예약 문화가 자리 잡았으니 따르는 게 좋겠다.

이 마을에도 예부터 솟대가 내걸렸다. 과거급제자가 나올 때마다 걸었는데 문과와 사마시로 많은 인물이 배출된 결과다. 독립지사도 14인이나 나왔다. 요즘은 솟대 대신 태극기가 마을 자긍심처럼 펄럭인다. 전통 선

만회고택 김시원 님

비마을의 원형이 이런 건가 싶다.

하룻밤 묵은 만회고택은 조선 시대 때 봉화현감, 우부승지를 지낸 만회 김건수(1790~1854)가 살던 집이다. 이 지역에서 국가지정문화재 제1호로 지정되는 영광도 얻었다. 함양 개평마을의 일두고택 사랑채 탁청재와 비슷하게 날렵한 모양새인 이곳 명월루도 만회 선생이 지었다. 2층 높이의 누각이 ㄱ자로 돌출한 게 특징이다. 그곳 마루에 앉아보고 싶다는 생각부터 든다. 안채로 가는 중문 기둥에 '독립유공자의 집'이라 쓰인 간판이 가문의 자긍심처럼 붙었다.

남호구택은 독립운동가 김뢰식 선생이 살던 집이다. 남호 선생은 십만 원 상당의 재산을 가졌던 대부호로 독립운동가 심산 김창숙이 군자금을 모을 때 전 재산을 내놓은 일화로 유명하다. 심산과 마을 사람이 독립청

원서 〈파리장서〉 초안을 작성한 만회고택 명월루, 지역 유림이 파리장서에 연명한 김건영가옥 등, 마을 곳곳이 독립운동의 장이다. 독립가 얘기가 나오면 바래미 사람들 어깨에 힘이 들어가는 이유다.

만회의 후손 김시원 선생의 안내로 명월루에 올랐다. 활짝 열어젖힌 누각 사방에 걸린 바깥 경치가 가을 병풍 같다. 곶감이 주렁주렁 달린 사랑채 마루 한 폭, 노란 국화와 소나무가 한껏 어우러진 마당 한 폭, 후원으로 이어지는 돌담 한 폭…. 주변에 이만한 누각이 없다고, 많은 예술인이 시를 짓고 읊었다며 주인의 명월루 사랑이 대단하다. 비록 높은 벼슬자리는 아니지만 12대에 걸쳐 진사를 한 집안인 점도 강조한다.

만회고택

남호구택

토향고택

이 만회고택에서 독립운동 자료가 무더기로 발굴됐단다. 고택의 위엄을 다시 보게 하는 일화다. 코로나가 덮치기 전엔 고택음악회도 조촐하게 열렸다. 골목 삼거리에 은행나무가 쪼그라든 은행 열매를 빼곡하게 맺은 채 겨울을 맞고 있다. 고택과 노란 은행 단풍이 어울린 마을 정경이 떠오르지만, 열매만 남은 말간 겨울나무가 선 양반 마을도 볼만하다.

이른 아침에 만회고택 방문을 여니 안개 세상이다. 눈앞이 자욱하다. 해저마을이라서인가. 기와지붕과 집 앞 소나무, 마당과 태극기 걸린 골목과 노란 국화까지 휘감은 가을 정경이라니.

카메라를 들고 설치니 주인이 여기저기에 서 보라며 사진을 찍어준다. 바래미마을을 떠올리면 아침 안개부터 핀다. 그 속에서 몽롱하게 섰던 내 모습도 함께. 바래미에 가면 하룻밤을 묵고 안개 드리운 해저마을 아침 전경을 봐야 한다.

만회고택 명월루

물아면 오록마을, 예정에 없던 선물 같은 마을

오록마을을 만난 건 예정에 없던 행운이고 횡재였다. 마을 앞 들판이 전통마을 기본 사양처럼 펼쳐졌다. 마을 초입 노송 군락을 보며 예사로운 마을이 아님을 직감한다. 그보다는 자연석 돌담과 돌담을 끼고 사이좋

게 앉은 기와집을 보고 탄성이 터진다. 닭실에서 시들했던 심사가 오록마을에서 생기를 띤다. 군위 한밤마을 나직한 돌담과는 닮은 듯 다르다. 더 튼실하고 높은 이곳 돌담도 순수 돌로만 쌓았다. 담쟁이가 얼기설기 뻗친 돌담 골목을 걸으며 마음이 흡족하다.

물야면 오록마을은 풍산김씨 동성마을이다. 사간원 정언을 지낸 노봉

김정 선생이 숙종(1696년) 때 터 잡으며 자연스레 집성촌이 되었다. 이후 풍산김씨 망와 김영조, 장암 김창조, 학사 김응조 후손이 속속 입향했다. 각 종택은 김재헌 가家, 김기홍 가家, 김준현 가家, 김성재 가家 등으로, 또 불천위 사당인 망와 · 학사 · 노봉사당으로 보존돼 있다. 이 고을에서는 집성촌으로 꽤 알려진 옹골찬 마을이었다.

마을 솔숲은 입향조 노봉 선생과 연관 있다. 그가 제주 목사로 재임하던 시절, 선정을 베풀고 과로로 죽었을 때 이를 슬퍼한 제주 사람들이 와서 심었다고 한다. 나무는 후세에 남기는 값진 유산임을 이곳에서도 본다.

골목에서 만난 어른(김명섭 가家)에게 인사했다. 온 취지를 듣고 곧장 집으로 들어가더니 풍산김씨 오록문중 책자를 건넨다. 거기에 풍산김씨 시조부터 오록의 세거 유래, 유적 등 마을과 가문의 역사가 망라됐다. 이 중 〈풍산김씨 세전서화첩〉이 특별하다. 1507년경부터 1749년경까지의 문중 현조 행적과 사건을 후에 기록한 글과 그림이다. 기록을 남긴 자체가 근본 있음을 뜻하는 게 아닌가. 뜻밖에 알게 된 이 마을은 그 뿌리도 튼실하다. 문중 책자를 준 어른 덕분에 마을 내력을 소상히 알게 된다.

오록마을에서도 대과, 소과 급제자가 대거 나왔다. 그때마다 축하하는 솟대를 세워 솟대가 한때는 백 개도 넘었다. 마을 입구 삼거리가 솟대거리다. 솟대의 내력도 봉화를 여행하며 안다.

한석봉 선생이 쓴 노봉정사 현판 글씨에 눈길이 간다. 이곳 노봉고택 늦가을 볕이 따듯하게 데운 마루에 앉아 있자니 집주인이라도 된 것 같다. 하염없이 평온하다. 볕도, 나른함도, 주어진 시간도 온전한 내 것임을 실감하는 충만한 시간. 이런 짬이야말로 여행하는 중에 누리는 짜릿함의 절정이 아닌가 싶다.

지나던 마을 사람이 믹스커피라도 한 잔 주면 덥석 받아 마실 텐데. 집으로 초대하면 주저함 없이 따라가 사는 얘기, 마을 얘기도 들을 텐데. 다니다 보면 그런 때가 없잖아 있다. 텃밭 채소를 뽑아주고, 음료수를 내주는가 하면 곶감도 들려주고….

한옥 처마 끝에 주렁주렁 매달린 곶감은 눈부신 만추 풍경이다. 가는 곳마다 가을이 무르익었다. 장암정과 화수정사 같은 고택을 품은 소백 산록의 반촌 오록마을. 돌담을 따라 걷던 오록마을에 눈이 내리면 어떨까. 희한하게 봄에 가면 가을 풍경이 보고 싶고, 가을에 가면 겨울 풍경을 상상한다.

노봉정사

장암정 뒤 망와고택

장암정

만회고택 명월루에서 본 가을 풍경화, 아침 안개가 자욱이 휘감은 사랑채와 곳감, 이런 걸 배경으로 사진 찍어준 만회의 6세손, 띠띠미산수유 마을을 안내하고 산수유 열매를 따 가라던 군체육회 홍 회장님…. 다 봉화 여행이 맺어준 만남이다.

욕심부려 한 됫박 따서 씨 빼고 말린 산수유로 차를 우린다.

조선 시대 영남
3대 반촌 장원방 마을

칠곡
매원마을

칠곡에 와서 여러 번 놀란다. 왜관 매원마을 광주이씨 집성촌 규모에 놀라고, 이곳이 조선 시대 영남 3대 반촌이었다는 데 놀란다. 20세기 초까지만 해도 마을 규모가 반촌 중에서도 첫손가락에 꼽았다. 하회가 2대, 양농이 3대 반촌으로 불렸을 만큼 내력으로나 규모로 선두에 있던 마을이다.

칠곡할매글꼴도 놀랍다. 문해학교 수기 책을 엮으며 친정어머니 글씨처럼 친근한 칠곡할매글꼴을 내려받아 썼다. 칠곡할매 김영분체 · 권안자체 · 이원순체 · 이종희체 · 추유을체다. 할매들이 성인문해교육을 받아 한글을 쓰게 되고, 글꼴에 도전해 한글 프로그램 글자체에 버젓이 이름 올렸다.

천주교 신자 박해와 순교 관련 성지가 많아서 또 놀란다. 가실성당, 신나무골성지, 성베네딕도왜관수도원, 한티순교성지, 김수환 추기경 탄생

감호당

지로 그 부친이 도기를 구우며 신앙 생활한 장자터까지….

매원마을 동정천에서 파미힐스골프장까지 이어지는 벚꽃길을 주민이 추천한다. 하늘을 가리고 만발한 벚꽃 터널이 볼만하단다. 또 오기를 기약하게 하는 설레는 소식이다.

대과 장원급제자가 다수 나온 장원방 마을

매원마을은 대과 장원급제자가 많이 배출돼 장원방이라 불렸다. 여섯 개 산이 꽃잎처럼 둘러싼 명당 중 명당으로, 역사가 교교히 흐르는 선비 고을이다. 한국전쟁 때 낙동강 방어선의 요충지였던 칠곡의 매원마을이 전쟁을 겪지 않았더라면 어땠을까. 하회나 양동보다 먼저 유네스코에 세

박곡종택

계문화유산으로 등재됐을 거라고 마을 관계자는 말한다. 마을이 겪은 불운에 듣는 사람도 안타깝지만, 정작 마을 주민은 얼마나 기가 차고 원통한 일이랴.

마을은 1623년에 광주이씨 석담 이윤우(1569~1634)가 관직에서 물러나 이주한 게 그 연원이다. 석담은 감호당을 짓고 후학을 지도했다. 여헌 장현광, 우복 정경세 등과 학문을 논했으며 당시 과거를 볼 사람은 장원급제를 꿈꾸며 감호당에 와서 수학했다. 감호당은 맞배지붕 아담한 기와지붕 한옥으로 지붕도 낮고 마루도 부담 없이 걸터앉아도 좋을 만치 나직하다. 재력을 드러내는 장중한 규모보다 아담한 집채에 정감이 간다. 감호당은 영남 3대 반촌인 매원마을에서 역사적 · 상징적 의미가 크다.

예전에 부산에서 신의주로 가는 기차를 타고 갈 때 한옥이 즐비하게 보이면 그곳이 매원마을이었단다. 상매 · 중매 · 서매(하매)로 나뉠 정도로 마을이 컸다. 그랬던 마을이 전쟁 때 거의 파괴되고 60여 채가 건재한다. 집은 불탔어도 그 터전은 남았기에 옛 번성을 짐작게 한다. 박곡종가는 이 마을 정체성의 중심이었다. 국가유공자 네 분이 난 생가로 항일운동 본부이기도 했다. 지금도 매원과 박곡종가 위상은 가볍지 않아 보인다. 최근에 이낙연 전 국무총리가 마을을 방문하면서 세인의 관심을 받았다.

매원종가 15대 종손 이상곤 선생을 만나 방문한 보람이 컸다. 종가와 사당, 마을 내력에 대한 상세한 설명을 들었다. 박곡종택에는 최근에 지은 안채와 오래된 사당만 보인다. 양반가로 뭔가 집의 구성이 빠진 듯하다. 종손 말로는 한국전쟁 때 인민군이 종택을 점령하고 그 사령부가 주둔했다는 것이다. 당시 종택과 마을이 유엔군의 융단폭격을 받았으며 그 결과 사당만 남았다고 한다. 인민군이 떠날 때 자료를 소각한다며 종택에 불까지 질렀다. 본래 종택은 안채 사랑채 광채 대문채 중문채 사당 등 80칸이 넘었다. 안채도 최근에 복원했다. 사당은 귀신이 살렸다는 뒷말이 돌만큼, 반경 500m까지 퍼부은 폭격에도 멀쩡했다고. 마루 상부와 기둥 곳곳에 뚫린 총탄 구멍이 당시 상황을 생생히 증명한다. 이 사당과 사당 앞 우물은 종택의 몇백 년 우여곡절 세월을 묵묵히 지켜봤겠다.

박곡사당

독립 · 항일운동한 불온한 집안 박곡종가와 불령선인不逞鮮人

매원이씨로 불린 광주이씨 박곡종택. 이곳엔 불천위不遷位[1] 박곡 이원록(1629~1688)을 모신다. 박곡은 효종 때 생원시에 장원급제하고 현종, 숙종 때까지 두루 관직을 거쳤다. 박곡은 선조 이원록의 은둔지가 안동 박곡이라 붙은 택호란다. 종손 안내를 받아 그의 사무실로 갔다. 족보와 집안 내력 관련 자료가 책상에 널렸다. 현재 몰두하는 작업이 무엇인지 짐작된다.

세로 한자로 작성된 구 제적등본을 보여준다. 눈에 잘 읽히지도 않는데 명치 44년(1911년)에 일제가 표시했다는 '종불선種不善'이란 붉은 글자가 선명하다. 선하지 않은, 즉 독립운동과 항일운동한 불온한 집안이라는 낙인이었다. 그 대가로 종손들이 불령선인으로 등록되고 강제징용에 강제 노무 당했다. 후손 중 독립유공자와 국가유공자가 열 명도 넘게 나왔으니 감찰 대상이 됐음직하다. 마당에서 2m 길이의 쇠말뚝도 나왔다. 가문에 흐르는 혼을 뿌리 뽑으려 한 일당의 잔재일 것이었다.

박곡 후손들은 과거시험에도 줄줄이 장원급제했다. 가문 명성이 드높았다. 흥선대원군이 매원마을에 왔을 때, 당시 종손인 이상선이 그를 극진히 모셨다. 대원군이 박곡사당 지붕이 낮고 규모가 작다며 증축을 권했다. 특이하게 사당 대들보가 두 개인 연유다.

종손은 마을 내 매원초등학교에 다녔다. 일개 시골 마을에 초등학교가 있는 걸 봐도 마을 규모를 짐작할 만하다. 종손이 천자문을 다 쓰지 않으

---

1 예전에, 큰 공훈을 세워 영구히 사당에 모시는 것을 나라에서 허락한 사람의 신위를 이르던 말

면 조부가 학교에 보내주지 않았다. 학교에서는 매원 종손이라고 선생님들로부터 귀여움을 듬뿍 받았다. 교장이 부임하면 종가에 부임 인사부터 하고 학교 생활을 시작할 정도였다. 이는 당시 많은 공무원도 그랬다. 한학자로 살아온 조부를 삼십여 해 모시며 조부에게서 들은 가문 내력을 외울 정도다. 지금도 불천위 제사를 모시고 5대 봉사奉祀한다. 젊을 적엔 종손이란 이름이 적잖이 짐이 됐다. 지금은 자신에게 주어진 '광주이씨 박곡종가 박곡 제15대 종손' 자리를 생의 전부라 여기고 자긍심을 가진단다. 국무총리 방문 당시 찍은 사진에서 종손의 술잔을 무릎꿇고 받는 총리 모습에서 종손 위상을 본다.

그의 어머니는 퇴계 종가에서 시집왔다. 어머니가 퇴계 종가의 딸이니 종손 외가가 퇴계 종가란 말이 아닌가. 어머니가 아버지에게 시집올 때 남편감이 매원이씨 종손이라 하여 묻지도 않고 왔단다. 와서 보니 키가 작더라는 에피소드가 재미있다. 핏줄부터 종손으로 타고났으니 얼마나 애지중지 컸을까. 양동마을 여주이씨 대종가인 무첨당과도 집안이라고. 양동마을에서 하룻밤 묵을 때, 무첨당에서 맨드라미차를 마신 적이 있다. 대종가끼리 연을 맺는 옛 어른들 정신도 놀랍다. 감히 일반 가문에서는 짐작하지 못할 가풍과 위계질서가 이어올 법하다. 근 가문끼리 연을 맺어 가문을 지킨 전통을 생생하게 확인한다.

16대손인 그의 20대 아들은 종손 자리를 어떻게 생각할까. "아버지, 그런 얘기를 왜 저에게 하세요?" 작은 종가에서는 감히 혼인도 할 수 없었던 대종가(매원종가)를 이을 아들의 답이란다. 자신이 대종가를 떠받칠 굳건한 기둥이란 걸 수용하기가 너무 벅차서일까. 그런 자리를 감당하기가 쉽겠는가. 어깨를 누르는 부담감에 선뜻 걸머지기엔 너무나 큰 종손 자리가 아니겠는가 싶다.

방문객으로 종손의 남다른 위치를 짐작할 따름이다. 불천위를 모시지 않는 가문은 종가나 종손이라고 하지 않는다. 종가가 없는 가문은 주손이라 칭한다.

붉은 찔레꽃 피는 팔작대문 지경당

지경당은 진주댁 선대의 큰집이라는 설명이다. 사랑채와 안채가 세월의 풍상으로 철 구조물에 의지했다. 안내하던 진주댁 주인이 벽면 나무판 나이테를 가리킨다. 나이테가 만든 타원의 크기는 곧 나무의 크기이므로 가문의 힘과 재력을 상징한다고. 돌돌 휘감은 타원형 동그라미가 겹겹이

매원 종손과 지경당

둘렀으니 가문 위세도 그만큼 높았다는 뜻일 거다. 대청에 올라서 보니 대들보에 새긴 연꽃 문양이 선명하다. 사랑채를 아름답게 꾸민 흔적도 군데군데 보인다. 사람은 가고 표식만 남았다. 옛사람이 누린 영화를 그들이 남긴 흔적에서 엿본다. 이곳에도 예제 총탄 자국이 남았다. 인민군을 소탕하려고 퍼부은 유엔군의 폭격에서 벗어나지 못했다.

마을이 한국전쟁 때 폭파되지 않았더라면, 고택 300여 채가 소실되지 않았더라면 하회마을과 양동마을이 유네스코 세계문화유산으로 등재될 때 함께 이름 올렸을 것이다. 마을 입장에서는 아쉽기 짝이 없는 일임이 분명하다.

지경당 대문은 양반집에서 보는 솟을대문이 아니다. 흔치 않은 팔작지붕이다. 이도 권세의 상징일까. 내로라했던 양반집 팔작대문은 낡았어도 늠름하다. 기왓등이 곧 허물어질 듯 위태해 보인다. 바깥마당, 사랑마

지경당 팔작대문

당, 안마당, 중사랑마당…, 다섯 마당이나 두었던 큰댁 위상을 그 흔적만으로 짐작할 뿐이다.

지경당 대청마루 안쪽 문짝 하나가 새것 냄새가 물씬하다. 아니나 다를까. 도둑이 문짝을 떼어가 새로 단 문이란다. 이를 보면 고택 대문을 잠갔다고 뭐라고 할 수도 없는 실정이다. 그 현장을 보고 온 어느 날, 중고장터에 문짝이 매물로 나온 걸 봤다. 문짝을 파는 사람이 지경당 문을 떼간 도둑처럼 보이는 건 왜일까.

찔레꽃 줄기가 지경당 담장에 치렁치렁 늘어졌다. 한두 송이 꽃이 피었다. 붉은 찔레꽃이 소복하게 핀 자태를 드러낼 오월 풍경이 삼삼하다.

매원에 오면 사송을 봐야 한다. 소나무 줄기가 네 개로 뻗는 소나무다. 마을 뒤 언덕에도 미끈하게 뻗은 소나무가 네 그루인데 그 뿌리는 하나란다. 그런 사송이 언덕에 무리 지었다. 마을 상서로운 기운이 여기서 나오는 건가. 매원엔 무피만두(피가 없는 만두)가 유명하다. 오곡백과가 나올 때 떡잔치를 하는 세시풍속도 이어온다. 작년에도 떡을 해서 방문객에게 나눠주었다니 그 시기를 맞춰 와야겠다. 매원마을과 박곡종가를 설명하고, 종가 근대백년사 자료를 준 종손께 경의를 표한다.

책을 엮던 중에 반가운 소식을 접했다. 매원마을이 전국 최초의 마을 단위 국가등록문화재로 등록됐다는 소식이다. 가옥, 재실, 서당을 비롯해 마을 옛길, 문중 소유 문전옥답, 옛터 등 역사성과 시대성을 갖춘 다양한 민속적 요소들이 포함된 문화유산이라는 해설이다.

아스라한 고대왕국에 터 잡은 대감마을

의성
산운마을

산운마을을 오가는 길에 고대왕국 조문국 고분군을 만났다. 고령 대가야유적지 지산동고분군이 능선에 분포한 것과 다르게 이곳은 구릉 같은 언덕에 자리했다. 가뭇없이 사라진 고대왕국 흔적은 경이로웠다.

예로부터 의로운 선비가 많았던 의성에는 남부의 반촌이라 불리는 산운마을이 있고, 북부의 반촌으로 알려진 사촌마을이 있다.

의성 관광명소에는 옛것이 수두룩하다. 빙계계곡, 고운사, 의성탑리오층석탑 외 사촌마을, 산운마을, 금성면고분군…. 의상대사가 창건한 대사찰 고운사에서는 켜켜이 쌓인 시간을 보았다. 일주문을 지나 만난 누각 가운루와 카페로 쓰는 우화루는 타 절과 차별화된 누각이다. 절 방문객이 쉬어갈 공간이 있음이 반갑다. 가운루에 놓인 의자에 앉아 범종 걸린 종각을 대면하고 우화루에서 차도 마셔 보기를.

서애 류성룡이 탄생한 점곡면 사촌마을은 향촌에 자리한 반촌이다. 천연기념물 '사촌리가로숲'을 산책로로 둔 주민이 부러울 지경이다. 전설 품은 금성산이 호위하는 금성면 산운마을은 눈이 번쩍 뜨이는 숨은 보석 같은 마을이다. 골목을 걸으며 눈 호강하고 충족감으로 배가 고픈 줄도 몰랐다. 기와 마을에 석양빛이 길게 뻗치자 마을은 전설처럼 검붉은 기운 속으로 침잠한다.

생소한 고대국가 삼한 시대 조문국을 만나 의성 여행이 알차다. 조문국 고분군을 어루만지는 햇살은 붉고 감촉은 따스하다. 고분군에서는 스치는 실바람조차 먼 시대의 속삭임으로 들린다.

대감마을로 불린 영천이씨 집성촌 산운마을

전통마을을 만나며 더러 탄식한다. 신식 주택에다 시간의 더께가 앉은 고택이 보이지 않을 때다. 산운마을은 대감마을로 명성 떨친 반촌답게 첫눈에 만족스럽다. 금성산 수정계곡 자락에서 금성산과 비봉산의 비호를 받는 형국이다.

마을은 강원도 관찰사를 지낸 학동 이광준이 정착하며 형성됐다. 그는 1562년에 급제한 문신이며, 선조 때 강원도 관찰사 겸 병마수군절도사를 지낸 관료다. 마을 입향시조부터 내리 3대가 급제했다. 학자와 근대 애국지사를 배출한 이 대감촌엔 학록정사 운곡당 소우당 점우당 등 문화재가 듬직하게 무게를 잡는다.

금성산은 한반도 최초의 화산으로 사화산이다. 백악기에 폭발했다고 추정하는 정상에는 천여 평의 평지가 생겼다는데, 이런 역사에 기인한 건

지 금성산엔 전하는 설화도 많다. 산정에 무덤을 쓰면 석 달간 지역에 가뭄이 든다든가. 그 묘를 쓴 사람은 운수대통해 큰 부자가 된다든가. 수정계곡에 구름이 감돌아 산운山雲이라 했다는 마을엔 금성산의 맥이 유구히 흘러왔겠다. 그 기운이 대감마을 맥을 잇는 원천이 아니었을까.

마을 초입 학록정사에 들렀을 때 마을 분위기를 대략 읽었다. 갓 쓴 사람들이 살 것 같은 마을이랄까. 이곳은 영조 26년에 영천이씨 입향조 이광준을 추모하고, 후학을 양성하기 위한 목적으로 지었다. 표암 강세황이 썼다는, 예의 바른 학생처럼 반듯한 현판 글꼴이 학록정사 성격과 정체성을 드러내는 듯하다. 이 한갓진 학록정사에 그늘이 내린다. 뉘엿뉘엿 지는 발그레한 해가 마루 끄트머리에 걸린 해 질 무렵. 돌아가는 시간도 잊고 저녁연기 피어오르는 시골 정취에 젖고 있다.

마늘 고장답게 마을 앞이 전부 마늘밭이다. 밭을 끼고 담장이 길게 길

운곡당

학록정사

을 잇는다. 사랑채 안채 행랑채 곳간채…, 규모가 크거나 작은 음전한 집을 담 너머로 보며 집과 마을 내력을 읽는다. 옛 마을마다 흐르는 분위기가 다르다. 집의 규모나 크기에서 가문의 위상이 보이고, 집 구조에서 당시 선비문화와 시대상을 엿보기도 한다.

영천이씨 문중 고택 운곡당엔 푸른 향나무가 듬직하다. 그 집 자긍심 같다. 운곡당 뒤 저만치로 우뚝 솟은 금성산이 이 집을 위해 빚은 듯 늠름하다. 그러고 보니 금성산은 마을 어느 방향 어느 집에서나 웅장한 자태로 우뚝하다. 마을 생성 때부터 마을이 기댄 산임이 분명하다.

소우당 고택 사랑채에 반했다. 때마침 해 질 무렵 빛을 받아 실루엣이 우아하고 고상하다. 창호문이 열한 개쯤 달린 사랑채는 보통 규모가 넘는다. 두루마기를 점잖게 입은 종손처럼 규모로나 모양새로나 품격 있다. 서쪽으로 기운 해가 사랑채 격자무늬 문살과 황톳빛 벽을 각양 색으로 물들인다. 처마가 회벽과 문에 동글동글 무늬를 그리고, 문살에 반쯤 드리운 그림자도 시선을 가둔다. 영남 제일의 정원이라는 뒤꼍 연지에서 물속에 잠긴 늦가을 풍경에 취함도 잠깐, 어스름이 내려 돌아갈 길을 서두른다.

산운마을엔 일반 살림집 점우당조차 고졸하다. 실개천을 사이에 두고 골목과 과수원이 이어지고 걸을 때마다 금성산 봉우리가 성큼성큼 가까워진다. 골목을 한 바퀴 돌아 마을 앞에 서니 여전히 금성산이 그곳에 있다. 마을 앞 초록색 마늘밭을 진득하니 눈에 담는다.

삭막한 공간에서 사는 도시 아이가 이런 데서 살면 어떤 심성을 갖게 될까. 어린이들이 학원에 가지 않고 자연 속에서 푸른 정서를 유전자처럼 스미게 하면 좋겠다. 그리하면 초록 기운을 받아 심성이 녹색 기운처럼 맑아지고 올곧은 정신으로 성장하지 않을까. 마음의 본향은 커서도 살아가는데 자양분이 됨은 자명하다.

오백 년 만취당과 류성룡의 고향 사촌마을

천연기념물 비보림 사촌리가로숲엔 수백 년생 상수리나무, 느티나무, 팽나무가 무성하다. 보통 다른 마을 비보림은 이 정도 규모에는 못 미친다. 발밑에 푹신하게 밟히는 낙엽이 구수한 마른 꼴 냄새를 풍긴다. 거름 냄새도 아니고, 낙엽이 삭는 냄새다. 안동김씨와 풍산류씨가 사는 사촌

소우당 사랑채

영귀정

마을에서 서애 류성룡, 송은 김광수, 천사 김종덕 같은 유학자가 태어났다. 마을에는 예부터 세 명의 정승이 태어난다는 전설이 전해온다. 신라 때 나천업, 조선 시대 류성룡에 이어 현세에는 어떤 인물이 나올지 기대되는 일이다.

마을 역사에도 불구하고 백여 년 전에 지은 집이 다수다. 임진왜란 때 의병 활동이 일어나 왜군이 마을을 불태웠고, 명성황후시해사건 때도 의병이 들고일어나 일본군이 마을을 파괴하다시피 했다. 구사일생으로 살아남은 오백 년 고택이 만취당이다. 퇴계 제자 만취당 김사원이 선조 17년(1584년)에 완공한 나라 보물이다. 한석봉이 쓴 만취당 현판을 머리 위에 두고 대청마루에 앉았다. 만취당 처마 너머로 푸른 하늘이 가슴 가득 들이찬다. 지나가는 길손이 만취당 선생을 기억하고 교감하는 시간, 만취당 기둥에 어깨를 기대고 잠시 무념무상 평안을 누린다.

노쇠한 어른들만 사는 여타 시골 풍토처럼 이곳도 한산하다. 부석사 무량수전과 함께 가장 오래된 사가의 목조건물이다. 건물을 떠받친 기둥을 가로지른, 튼실한 천장 들보에 입이 쩍 벌어진다. 천장 장식과 기둥 두께만 봐도 집에 들인 정성과 권세를 눈치챌 정도다. 오백 년 시간을 버텨온 죽은 나무에도 영이 깃들었으리. 온기 채우던 사람이 세상을 떠나도 묵묵히 자리를 지키는 집을 보니 그래 보인다.

영귀정은 마을 앞에 외따로이 자리했다. 류성룡 외조부인 김광수가 은거하며 강학하던 곳. 영귀정에서 담장 너머로 보이는 경관과 한적함에 머릿속이 말개진다.

아스라한 그 이름 조문국召文國, 금성면고분군

조문국은 생소한 국가다. 대를 이어 내려오는 마을보다도 곁다리로 만난 고대국가에 솔깃하다. 혹자는 '조문국'이 조씨 성을 가진 사람 이름인가 묻는다. 고대 역사의 긍지를 지닌 의성을 다시 본다.

금성면 대리리, 학미리, 탑리에는 조문국 고분이 다량 분포했다. 대리리에만 지배계층의 무덤으로 추정되는 60여 기 중대형 고분이 있다. 이 지역은 이천여 년 전 조문국의 도읍지로, 신라 벌휴왕(서기 185년) 때 신라 영향권으로 편입되었다는 『삼국사기』 기록이 선한다. 이로 보아 조문국은

만취당

삼한 시대 의성 지역에 번성했던 국가로 신라에 복속됐을 거로 추정한다.

묘석이 있는 단 하나의 고분이 경덕왕릉이다. 1호 고분 경덕왕릉을 비롯해 많은 고분이 세월을 잊고 구릉에서 평화롭다. 산책로 고분거님길을 걸으니 먼 고대의 바람이 귓전을 스치고, 앞서 걷는 젊은 남녀 뒷모습이 전설 속으로 걸어 들어가는 듯 아른하다.

이들 고분에서 금동관, 금동제 귀걸이 등과 철제 무기류, 마구류 등이 출토됐다. 이로 보아 초기 국가 형성기의 대표 집단이 존재했을 거라고 짐작한다. 잃어버린 대왕국 조문국. 금성金城이라는 지명 속에 소멸한 왕국의 정체성이 들어있지 싶다.

조선 시대 문신인 미수 허목이 경덕왕릉을 지나며 쓴 시가 전한다. 야심만만하게 생성됐다가 역사의 수레바퀴를 따라 잠적한 한 국가를 향한 그리움의 노래다.

> 번화했던 그 모습 다시 볼 수 없고
> 거친 풀 들꽃만이 향기롭구나
> 다닥다닥한 옛 무덤엔 민둥민둥 백양 한 그루 없도다
> 둔덕 위에 밭 가는 농부는
> 아직도 경덕왕을 이야기하고 있네.

明倫堂

3

밀양 다원마을
거창 황산마을
함양 개평마을
산청 남사예담촌
의령 입산마을

차나무 노목老木이 건재한 차茶의 마을

밀양
다원마을

영화 〈밀양〉으로 존재감을 알린 밀양密陽. 밀양은 소설 속에 나올 법한 이야기를 지닌 듯 그 이름부터 은밀하게 들린다. 그러면서도 사촌언니가 시집간 도시처럼 친근하다.

밀양을 들먹이면 줄줄이 떠오르는 명소가 있다. 밀양강을 굽어보는 영남루, 만어석 신비가 깃든 만어사, 원효대사가 창건한 천년도량 표충사, 조선 시대 사대부 별서 월연정, 신라 때 축조한 못으로 이팝나무 꽃 피는 위양지…, 이들은 밀양 8경이기도 하다.

밀양역은 구포역에서 무궁화호 기차를 타고 30분이면 닿는 거리다. 산외면 다죽리 다원마을과 혜산서원, 교동 밀양향교에 갈 때 기차를 탔다. 다원마을 아담한 옛집과 돌담에, 혜산서원과 밀양향교의 정갈한 분위기에 기대를 거스를까 기연미연하던 심기가 싹 가신다.

향교는 고려와 조선 시대에 지방에서 유학을 교육한 관학 교육기관이다. 향교가 있는 지역에 명륜동과 교동이란 지명이 붙은 내력도 새삼 알게 된다. 밀양향교 소재지도 교동(현재, 밀양향교길)이듯, 부산 명륜동도 동래향교 명륜당에서 유래된 지명이다. 봄비가 기분 좋게 내린 곡우 무렵, 다원마을과 밀양향교를 찾아 또 밀양으로 달려갔다. 잔잔했던 그곳 분위기가 아른아른 그리웠던 게다.

도시 바람이 닿지 않은 수수하고 기품있는 마을

다원茶院마을은 600년 수령의 차나무가 마을 기품을 더한다. 마을에 차나무가 자라는 풍경은 흔치 않다. 서원, 서당, 고택도 깔끔하게 보존돼 있다. 다원 1구는 일직손씨가 혜산서원을 중심으로, 2구는 밀성손씨가 죽원재사를 중심으로 일가 이루고 산다.

다원 1구 혜산교를 들어서면 혜산서원 울타리인 담장을 만난다. 이 긴 담장을 따라가면 소나무가 도열한 골목이 나오고, 그 끝에 상례문이 서 있다. 혜산서원 출입문이다. 상례문을 곧장 들어가기보다 한 번쯤 뒤돌아볼 일이다. 돌아선 자리에서 동양화 한 폭을 보게 될 것인즉. 대문을 액자 삼은 멋들어진 소나무 그림 화폭을 눈에 담아 보기를.

서원은 사설 교육기관이었다. 여기에 석학이나 충절로 죽은 사람의 제사도 담당했다. 이 마을 정신의 지주 격인 혜산서원은 1871년 흥선대원군의 서원 철폐령과 연관 있다. 격재 손조서는 단종의 왕위를 찬탈한 세조 횡포에 분개해 벼슬을 버리고 고향으로 돌아왔다. 혜산서원은 이 손조서의 학문과 덕행을 기리는 곳이다. 처음 이름인 서산서원은 철폐되고,

상례문 밖

혜산서원으로 재탄생한 이력을 지녔다.

서원 내 사당인 숭덕사는 일직손씨 5현五賢을 받든다. 무슨 일인지 이날 숭덕사 문이 활짝 열렸다. 사당에 한 어른이 경건한 몸짓으로 움직이는 게 보인다. 머리에 두건을 쓰고 도포로 제의를 갖추었다. 묵례하고 마당으로 들어섰다. 후손이라는 그분은 매달 초하루와 보름날에 참배한다고. 이날이 초하루라 분향을 준비하는 중이라며 방문객 인사에 답한다.

다원서당 차나무

혜산서원 차나무

도시 바람이 닿지 않은 듯 분잡함도 가라앉는 혜산서원, 작은 규모지만 격식 갖춘 고택, 고령의 차나무, 이름조차 다소곳한 다원마을. 차茶 마을에 왔으니 전설 속 차나무 세 그루를 봐야지. 하나는 마을 입구 손조서 신도비각 울 모퉁이에, 또 하나는 혜산서원에서 옹골진 노인처럼 서원을 지킨다. 서원에서 흘러나오는 책 읽는 소리가 나뭇결에 스미었을 성싶다. 키가 어른 가슴팍쯤 닿을까. 바닥에는 차꽃이 수백 년을 그래왔듯 무심하게 깔렸다. 남은 하나는 다원서당을 지키는 차나무다. 현세 사람보다 몇 백 년을 앞서 산 차나무 앞에서 머리 허연 노옹을 대하듯 자세를 가다듬는다.

같은 성격을 띤 공간이라도 지역 간 차이가 보인다. 서원에 응당 사당이 있듯 향교도 강학 공간과 배향 공간을 갖췄다. 선인들은 그들의 선인과 대 유학자를 공경하며 제사를 지내왔다. 오늘의 안녕에 감사하고 나라와 후손의 안위를 바라는 기원과 축원을 담은 전통 의식 같은 것이었다.

'다죽리 손씨고가'는 3대째 병마사를 배출해 손병사고댁으로 불린다. 다원마을에 간 이날, 여러모로 운이 따랐다. 손씨고가에는 후손이 아닌 관리인이 산다. 지난번 방문 때와 달리 문화재 관리처에서 나와 고택 주변 풀을 베고 환경을 정비하느라 대문이 활짝 열렸다. 허락받고 고택으로 들어서니 시푸른 향나무가 눈길을 잡는다. 이렇게 큰 향나무는 처음 봤다. 집 지을 때 기념하며 심었을까. 세월이 흐르며 집은 점차 낡고 삭아가고 나무는 집을 내려다보게 됐을 거다.

대문을 들어서며 마주치는 집엔 죽계서당 간판이 붙었다. 사랑채일 것이다. 사랑채가 대문과 정면으로 마주했다. 바깥세상과 직접 면하는 위

손씨고가 사랑채

치다. 고택 편액 필체는 글을 쓴 이의 개성이라든가 성정을 내비친다. 해서체인가 싶은 죽계서당 편액과 쭉 뻗은 향나무가 잘 어울린다. 사랑채에 서당 간판을 걸었고, 모연재라는 재실 간판도 걸렸다. 사랑채가 서당이자 사당인 셈이다. 이 죽계서당 마당 향나무는 기와지붕 높이를 훌쩍 넘었다. 목을 뒤로 젖혀야 나무 끝을 볼 수 있을 정도다. 따로 향을 피우지 않아도 향나무 향이 진동하겠다. 집주인이 향나무를 심은 데는 조상을 기리는 정신도 포함됐을 것 같다.

예전에는 선비가 집을 지을 때 경계한 부분이 있었다. 그것은 지나치게 큰 규모를 지양했다는 점이다. 문이 방에 비해 크다거나, 대지가 집에 비해 크면 집이 허해진다고 여겼다. 마당도 터무니없이 넓게 하지 않았다.

손씨고가 안채

사랑채 안채 아래채 곳간채가 하나의 마당을 감싼 형태에도 이런 신중함이 녹아 있다. 죽계서당인 사랑채와 안주인의 공간인 안채 사이는 돌담으로 경계 지있다. 안마당에 서니 임한 안주인과 분주히 움직이는 일손들이 실루엣으로 보이는 듯하다. 이 고택 앞집이 연극인 손숙 씨 집인데 담장이 너무 높다. 대문도 굳건하게 닫혔다.

이웃한 다원 2구 죽원재사는 더 한갓지다. 조선 시대 문신이자 학자인 손기양 선생을 기리는 재실이다. 죽원재 측문 쪽으로 당도해 보는 재실 구도에 걸음이 멈춰진다. 이끼 낀 담장 너머로 비 젖은 기와지붕 윤곽이 선명하다. 짝사랑하는 이가 사는 이웃집을 엿보는 설렘 같은 거랄까. 아씨의 정원이 나올 법한 조그만 측문을 살며시 밀어보니 삐걱 소리도 없이

죽원재사

순순히 열린다. 기별 없이 들어선 발소리에 마당 봄풀이 오소소 놀랐을까. 정적을 깬 걸음이 미안하다.

언덕 높직이 자리한 죽원재사를 높은 담장이 울타리 쳤다. 정원에는 동백꽃이 발갛게 깔렸고, 백송은 연둣빛 새순을 뾰족뾰족 내밀었다. 돌아앉은 뒤뜰에 자목련이 함초롬히 꽃을 피웠다. 정문인 치엄문 앞, 초록 잎새 나부끼며 높다랗게 뻗은 은행나무에서 가을을 내다본다. 은행나무만 보면 오직 단풍 생각뿐. 샛노란 은행잎이 지붕과 담장 위로 소복이 내려앉으면 가관이겠다. 인적없는 마당에 사그락사그락 은행잎 지는 소리를 듣는다. 죽원재사 마루 안쪽에 걸린 죽원서당 간판을 보니 이곳도 사당과 서당을 겸했겠다.

이 죽원재사를 중심으로 밀성손씨가 산다. 다원 2구 신식 주택 사이에

서 고택을 찾던 중 고목 느티나무를 만났다. 와우, 굽이친 가지가 사방으로 뻗치고 뻗쳐 그 갈래가 어마어마하다. 집 몇 채쯤에 그늘을 드리고도 남을 풍채다. 휘고 옹이 진 몸통이, 이 동네에서 나보다 오래 산 것 있으면 나와 보라고 하는 듯 당차다. 고택은 보수해서 맥을 잇지만 나무는 존재 자체로 마을 역사가 된다.

과거와 현재가 공존하는 밀양향교

밀양향교 옛 주소는 교동이다. 향교가 있어 붙은 지명일 터이다. 밀양 시내 한길에서 향교로로 접어들면 밀성손씨 고택 골목이 길게 이어진다. 밀양향교 가는 길이다. 대나무가 울을 친 밀성손씨 고택을 지나면 향교

명륜당

대성전 내삼문

풍화루가 풍채를 드러낸다. 누각을 받친 기둥이 튼실하다. 큰길에서 풍화루까지 오는 이 길을 한옥 연구가 이상현 선생은 그의 저서 『이야기를 따라가는 한옥여행』에서 말한다.

> "때로 폐가처럼 방치된 건물이 눈에 밟히기는 하지만 다감한 골목길이 주는 고즈넉함이 만족스럽다. 마을의 토석담을 따라 골목 끝에 다다르면, 세월 속에 넣고 막 헹궈낸 듯 하얗게 바랜 단청을 입은 풍화루風化樓가 사람을 맞는다."

밀양향교는 국립교육기관이다. 이곳도 강학 영역과 제례 영역이 구분되는데 명륜당과 대성전이다. 인재를 양성하는 교육기관이 명륜당이고, 공자와 성현의 위패를 모신 곳이 대성전이다. 서원이 자신들이 모시는 특정 인물에게 제사 지내기 위함이라면, 향교는 중국과 우리나라에서 이름을 떨친 유학자를 대거 모신다.

대성전 출입문인 아홉 칸 내삼문은 엄숙하지만 아름답다. 채색이 볕에 바랜 이 문을 들어서면 널찍한 마당 저만치에 음전한 대성전이 앉았다. 이 대성전 창건 연대는 미상이다. 다만, 임진왜란 때 소실되고 1602년에 부사 최기崔沂가 중창한 기록이 전한다.

대성전에는 공자를 비롯해 신라에서 조선 시대에 이르는 성현의 위패를 모시고 봉향한다. 봄이 무르익은 때, 대성전 마당에 하얀 민들레 꽃씨가 좍 깔렸다. 성현을 기리는 향불인가, 성현의 영령인가. 대성전 앞에서 대문 쪽을 보는 시야는 사뭇 다르다. 대문에서 보면 대성전은 높이 앉은

밀양향교 풍화루

품이고, 반대로 보면 내삼문이 자세를 조아린 듯 낮은 자리다.

밀양향교는 향교 건축의 백미로 일컫는다. 당대의 선비정신을 잘 보여주는 규범 미에 세월의 흐름을 담아낸 빼어난 건축물로 평가된다. 규모에서도 경주향교, 진주향교와 함께 단연 선두로 꼽는다. 조선 중·후기를 아우르며 건축사에서 중요한 가치를 지닌 대성전과 명륜당은 각각 보물로 지정됐다. 밀양 시민에게도 국가에도 보물인 존재다. 그간 향교에 관심이 없었던 건 향교를 몰랐기 때문이었다. 마치 아버지가 졸업한 학교를 이제야 돌아보는 진중한 기분이랄까. 아무튼, 아는 만큼 보게 된다는 말을 향교를 접하고서 알게 된다.

풍화루에 오르니 명륜당이 정면 건너편에 있다. 이곳을 드나든 학자는 간 곳 없고, 코로나 시대를 건너느라 경내는 고적하다. 향교 뒤 산등성이에 걸린 고층 아파트가 생뚱맞다. 옛것을 눈을 내리깔고 보는 인상이다. 얕잡아볼 대상이 아님을 향교에 와보면 알게 될 것인즉. 옛 향교와 신 아파트는 대결 상대가 아니라 함께 시대를 나아가는 공생 관계임을 본다.

죽원재사 은행나무가 노란 단풍을 피부을 때쯤, 밀양향교 대성전 앞 둥치가 두 아름쯤 되는 은행나무에 노란 은행잎이 나부낄 때쯤 또 오고 싶다. 옛것이 주는 위로는 그것을 접할수록 깊어진다.

경상우도의 당당한 선비고을
씨족부농촌

거창
황산마을

고향인 거창에 왔다. 어머니 본관인 거창신씨 세거지인 위천면 황산마을이다. 고향에 이처럼 근사한 전통마을이 있을 줄이야. 적잖이 놀랍고 몰랐다는 게 더 놀랍다. 조선 시대에 생성된 씨족부농촌이며 600년생 느티나무가 있는 마을, 한 방송사 드라마 〈7일의 왕비〉가 탄생하게 된 근원지, 국가명승지인 수승대에 인접한 마을…. 이것이 황산마을에 대한 굵직한 설명이다.

마을 문패를 보면 집성촌답게 하나같이 '신ㅇㅇ'이다. 그 이름이 외삼촌 항렬이거나 외삼촌과 동명도 있고, 고향 친구 이름도 있다. 물론 다른 사람일 것이지만 심적으로 부쩍 친근하게 다가온다. 이 마을 골목을 걷고 점잖은 고택을 둘러보며 '우와 좋다'라는 탄성을 연신 터뜨린다. 주변 자연이 생기 만발한 봄이어서 더 그랬을까.

산수 맑고 푸른 수승대와 황산마을은 지근거리다. 덕유산 자락 아늑한 골짝 황산리, 이런 풍경 앞에서는 습관처럼 다른 계절 풍경을 연상하는 습성이 생겼다. 어느 겨울엔가는 고즈넉이 눈 덮인 황산마을과 수승대 설경을 보러 오리라고 맘먹는다.

창작의 근원 거창, 기와집이 품위 있는 황산마을

황산마을에는 거창신씨들이 산다. 신달자 시인은 거창 태생이다. 그의 산문「한옥에 살다」에 보면 '한옥은 모든 시름도 안아 감싸줄 것 같은 엄마의 품속 같은 집'이라며 한옥 생활을 언급한다. 황산마을을 걸으며 그분도 이 근본 있는 마을 출신일까 하고 생각했다. 구불구불 집을 잇는 토석 담장은 맨 윗부분에 기와를 얹었다. 이런 담장을 끼고 신씨고가, 황강고택 같은 기와집으로 형성된 마을이 번듯하니 풍채있다.

> '거창은 산이 병풍처럼 둘러싸고 있지만, 한들이라는 제법 너른 들판이 있어 물산物産이 여느 고을 못지않게 풍부했다. 산자락이 겹치는 골짜기마다 맑은 계류溪流를 이루어 산 좋고, 물 좋고, 들 좋아 사람 살기 이만큼 좋은 곳도 없었다. 궁벽한 산골 같지만 거창신씨, 거창장씨, 초계정씨, 은진임씨 등이 일찍이 세거지로 삼아 경상우도의 당당한 선비고을로 자리매김할 수 있었다.'
>
> – 유홍준의『나의 문화유산답사기』6권 거창 편

원학고가

거창은 예부터 크게 일어날 밝은 곳, 매우 넓은 들, 넓고 밝은 들이란 뜻에서 거열居烈, 거타巨陀, 아림娥林으로 불렸다. 거창 대표문화축제인 아림예술제가 그 유래를 잇는다. 지리산, 덕유산, 가야산국립공원 중심에 위치해 산명수려함은 타고났다. 거창 읍내에서 고향집으로 가는 길에 지나는 건계정은 거창장씨들이 그들 선조의 공적을 기리기 위해 지은 정자로 너무나 익숙한 명승지다. 학창 시절에 이곳으로 소풍 한 번 오지 않은 사람이 없을 정도다. 유홍준의 글에서 이 건계정을 휘돌아가는 '씨악실 모티'를 접하고는 파안대소했다. 씨악실 모티라는 말이 이만저만 반가운 게 아니었다. 내가 쓴 수필 「친정 가는 길」에도 등장하는 지명이 아닌가. 이 외 「소리」 「느티나무처럼」 「풍경 한 폭」 「친정 가는 길」 「겸상의 추억」 등, 고향 관련 글이 수두룩하다. 풍경, 가족, 유년, 소, 농사에 이르기까지 어머니 계신 고향은 여전히 글의 원천이다.

거창신씨는 한 시절 최고의 영예를 누렸다. 신승선(1436~1502)이 이조참판이 되고 세종의 넷째아들 임영대군 딸과 결혼하면서 명문으로 부각하기 시작했다. 이후 그의 딸은 연산군의 부인이 되고, 아들인 신수근(1450~1506)의 딸은 중종 왕비인 단경왕후가 되었다. 단 7일, 조선 역사상 가장 짧은 기간 왕비 자리에 앉은 폐비 단경왕후 신 씨와 중종의 로맨스를 그린 드라마 〈7일의 왕비〉 배경이 된 마을이다. 마을 들머리 언덕바지에 선 보호수 밑동이 이런 역사의 소용돌이 같다.

지난 영예의 흔적인가. 당당한 대문을 둔 집마다 그 품이 듬직하다. 씨족 부농으로 소작 마을을 별도로 두었던 부자마을답다. 다른 여느 전통마을과는 다른, 옛집이고 옛 마을이지만 쇠한 기운이 없다랄까. 빈집이 적막해 보이던 여타 마을과 다르다. 이 마을이 기품있는 건 모범생처럼 반듯한 기와집으로 형성되어서일 것이다.

대표 고택인 신씨고가 솟을대문에는 원학고가楊鶴古家라는 현판이 붙었다. 중문채에는 신씨고헌愼氏古軒이라는 편액이 걸렸다. 이곳 마루에 앉아 마당에 쏟아지는 햇살을 보고 있노라니 햇살 속으로 스며드는 기분이다. 한옥 처마가 드리운 그림자와 빛의 대비가 눈부시다. 대청 쪽 빗살무늬를 넣은 팔각형 정자살문은 조각작품인 듯 정교하다. 가로세로 가로지른 촘촘한 문살 구도

는 어떤 장인의 솜씨일까. 띠살문 방문과 함께 신씨고가의 정성들인 아름다움에 한몫한다.

사랑채 안채 문간채 중문간채 곳간채 방앗간채에 안마당 사랑마당 작업마당까지, 부속 건물 갖춤새를 보아 보통 반가가 아니다. 안채 끝에 달린 누마루에서 책을 읽거나, 차를 마시거나, 벗과 담소하거나 머물고 싶다.

소석정 고가 정원에서 동생 부부와 한참 노닐었다. 봄기운 충만한 정원엔 자목련이 음전하게 피고, 수국이 담장 너머로 자태를 산들댄다. 위사시실渭史書室 편액이 붙은 사랑채 마루 끝에 봄볕이 세집인 양 깃들고 마루는 삭고 빛바랬다. 한옥을 봐 오면서 부쩍 애착이 가는 게 누마루 공간이다. 이곳 마루 난간 조각은 여태 본 무늬와는 다르게 사다리형 모양이다. 화초와 햇살과 나비가 어우러진 소석정 마당에서 내 집인 양 놀다가 나온다. 사랑채 뒤쪽 안채에서 두런두런 사람 소리가 들린다.

소석정 회화나무

취한당就閒堂은 당호조차 멋스럽다. 한가함을 취하다니. 작은 연못까지 두었다. 황고종택 널찍한 마당은 온통 민들레꽃밭이다. 주인이 잠시 집을 비운 듯 자전거 한 대가 봄잠에 들었다.

마을 너머로 덕유산 줄기가 겹겹이 둘러쳤다. 황산마을 기상이 그 산에서 기인한 건가 싶다. 대문간에 수국이 소복하게 핀 한산댁, 종가댁 국장댁 교감댁 조합장댁 등 사는 사람 격에 따라 택호를 단 이들 가옥에는 어

떤 사람이 살까. 거창신씨 어머니의 동성동본 마을이라 그런가, 다른 마을에서보다 살가운 느낌이다.

황산마을 옛것은 누추하지 않다. 기울거나 쇠퇴한 낌새가 없어 듬직하다.

국가 명승지 수승대를 대면한 감격

수승대가 있는 위천면은 고향과 인접했다. 너무 익숙한 곳은 귀함을 간과하게 되는 건가. 고향에서 살 때는 이웃한 수승대에 갈 일이 없었다. 넓은 화강암 암반과 맑은 물, 청정 숲이 어우러져 시인 묵객이 즐겨 찾았다는 수승대다. 계곡 중앙 거북바위 면에 빼곡하게 그 흔적이 남아있다.

구연서원

관수루

수승대는 덕유산이 빚은 명소다. 남덕유산에서 흘러온 계곡물은 월성계곡과 수승대를 지나 위천천으로 흐른다. 계곡 옆 구연서원과 서원 문루인 관수루, 요수 신권 선생이 풍류를 즐기고 제자를 가르친 요수정이 수승대 경관을 이룬다.

구연서원 관수루는 암반 위에 세워 수승대 자연에 잘 녹아든다. 특히, 나무 둥치를 통째 하부기둥으로 세웠다. 당시 서원의 위상일 것이다. 휜 기둥 사이로 멀리 보이는 서원이 드나드는 사람을 관망하는 듯하다. 카메라가 이 구도를 놓칠 리 없다. 이곳은 1740년에 성팽년, 신수이, 신권의 정신을 계승하자는 목적으로 세웠다. 서원 앞 계단에 앉아 문루 쪽을 바라보면 너른 들녘을 보듯 시야가 시원하다. 넓은 정원 끝 관수루로 한 젊은이가 들어서는 게 보인다. 미지의 공간으로 입장하는 그를 환영한다. 이 안락한 감격을 그도 누리게 될 것이다.

거북바위에서 세월의 무상함을 읽는다. 푸른 한 시절을 붙들고 싶었을까. 후세에 자취를 남기려 했음일까. 어느 날 이곳에 와서 글사를 새겼을 어떤 풍류객도 시원스레 흐르는 물소리로 귀를 씻었을 테지. 바위엔 이황의 시, 임훈과 신권의 화답시, 학자들이 읊은 시와 이름이 빼곡하다. 이 바위를 계곡 아래에서 보면 영락없이 거북이가 목을 내민 모양새라 거북바위다.

搜勝名新換수승명신환 수승대 이름을 새롭게 지으니
逢春景益佳봉춘경익가 봄을 만난 경치 더욱 아름답겠네
遠林花欲動원림화욕동 멀리 숲속의 꽃은 피어나려 하고

거북바위

陰壑雪猶埋음학설유매 응달에 있는 눈은 녹으려 하는데
未寓搜尋眼미우수심안 수승대를 찾아 구경치 못하니
惟增想像懷유증상상회 상상만 늘어 가는구나
他年一樽酒타년일준주 훗날 한 동이 술을 마련하여
巨筆寫雲崖거필사운애 커다란 붓으로 구름과 벼랑을 그린다

수승대 절경을 가까이 두고도 못 보고 상경하는 아쉬움이 담긴 퇴계의 시다.

이 수승대搜勝臺가 원래는 수송대愁送臺였다. 이곳이 신라와 백제 간 국경 지대였던 당시, 사신을 보내며 안위를 걱정했기에 수송대라 불리었다는 설이다. 퇴계 선생이 장인이 살던 마리면 영승마을[1]에 머물 때 수송대 내력을 듣게 되었다. 그런데 수송대라는 이름이 이곳 절경에 어울리지 않았

1 삼국 시대의 역사와 선화공주 전설이 깃든 유서 깊은 마을. 이 마을에 살던 동기생들이 수재였다.

던가 보다. 수송대를 수승대라 고칠 것을 권하는 이 시를 요수 신권에게 보냈다. 이에 신권이 답시를 보내고 바위에 새기면서 수송대가 수승대로 불리게 되었다는 설명이다.

아버지 기일에 서울에서 온 남동생 부부와 함께한 봄날. 거창신씨 집성촌이 품은 푸근함과 수승대 청청한 기운으로 충족했다. 고향에 오면 일만 하고 가는 남동생도 흡족해한 어느 봄날이다.

오래된 집보다
추억의 냄새가 더 짙은

함양
개평마을

함양咸陽은 밀양密陽처럼 볕을 품었다. 이 볕의 고을에서 머문 4박 5일 동안 장맛비가 내리퍼부었다. 개평 한옥마을과 지리산둘레길이 지나는 창원마을에서 늘어지게 여유를 누렸다. 5박 6일을 예정한 지자체 주관 '함양 한 달 살이'는 비가 와서 운치는 있었지만, 줄곧 내리는 비 때문에 하루 앞당겨 끝냈다.

퇴계가 성리학자 중 뛰어난 인물로 꼽은 동방사현이 김굉필 정여창 조광조 이언적이다. 이들 중 일두 정여창의 고향이 개평마을이다.

비에 촉촉이 젖어 반들거리는 진회색 돌담, 담장에 줄기를 치렁치렁 풀어헤치고 새초롬히 비를 맞는 다홍색 능소화 더미, 동산을 이룬 푸른 노송 숲, 명당 하나씩 차지한 고택, 일두 선생을 제향하는 남계서원 풍영루, 청계서원 앞 흰 반송, 추적추적 비 내릴 때 산촌민박 주인과 기울인 소주 한 잔….

이런 대상이나 풍경보다 마음을 요동치게 한 건 따로 있다. 마을을 떠날 때 부지불식간에 마주친 개평정미소다. 벼를 도정하고, 줄 서서 떡가래 뽑던 고향 마을 정미소를 그곳에서 조우했다. 고소한 쌀겨 냄새 풍기던 고향 정미소는 문을 닫은 지 오래인데 아직도 돌아가는 이 마을 정미소를 보니 소꿉친구를 만난 듯 뭉클했다. 콤콤한 다락방 냄새 같기도 한, 쌀 냄새와 쌀겨 냄새가 오묘하게 섞인, 오십 년도 더 된 유년의 냄새. 잊고 있던 아버지 고향 같은 냄새를 탐색하듯 맡으며 주인이 자리를 비운 정미소에 한동안 머물렀다. 30분마다 오는 시골버스가 들어온다고 기별이 올 때, 이 아득한 향수를 두고 돌아서야 했다.

일두고택에 소나기 쏟아지고, 행랑채 마루에 앉아

내로라하는 양반들도 맥을 못 추었다는, 함양군 지곡면 개평마을은 성리학의 대표적 인물인 일두 정여창(1450~1504)과 옥계 노진(1518~1578)을 배출한 양반 씨족마을이다. 마을 언덕 한옥 숙소에서 이 양반 마을을 내려다보곤 했다.

하동정씨 풍천노씨 초계정씨 가문이 뿌리내리고 살아온 집성촌. 그에 걸맞게 일두고택, 하동정씨 고가, 풍천노씨 대종가 등 전통가옥이 마을 가치를 드높인다. 함양이나 안동에 가면 '좌 안동 우 함양'이라는 해설을 어김없이 듣는다. 『신정일의 새로 쓰는 택리지』에 '좌 안동으로 불리는 낙동강의 동쪽 안동은 훌륭한 유학자를 많이 배출할 땅이고, 낙동강 서쪽인 함양에서는 빼어난 인물들이 태어난다.'라고 '좌 안동 우 함양'에 얽힌 유래를 설명한다.

우 함양으로 불리는 데 초석이 된 인물이 정여창이다. 그는 조선 성종 때 문신이며 안의현감을 지냈다. 함양군 안의면과 내가 태어난 거창군 마리면은 인접했다. 거창읍에서 '안의 · 초동' 가는 버스를 타면 고향 마을 어귀를 지나간다. 신라 때 안의가 마리현이었던 길 보면 고향 마리면과 안의는 그때부터 친근한 관계였지 싶다. 그래서인가, 안의도 고향같은 고장이다.

정여창은 김종직 문하에서 배우고 성리학 연구에 매진했다. 그러나 그가 남긴 글이 거의 없다는 건 가혹하다. 그가 사화에 연루돼 곤경에 빠지자 가족이 화를 면키 위해 그의 글을 모두 불태운 결과다. 무오사화 때는 함경도로 유배되고, 갑자사화 때 부관참시당한, 뼛속 깊이 처절함을 겪은 일두 선생. 일두고택은 이 정여창이 난 생가 터다.

일두고택 골목 앞집엔 이 고택의 종손 정의균 님이 산다. 잔디가 천상의 화원처럼 보드랍게 깔린 마당이 있는 집이다. 널빤지를 듬성듬성 이은 문에 문패가 달렸다. 뒷문인가 쪽문인가 여겼던 곳이 실은 대문이었다. 아침 햇살이 잔디밭에 세례처럼 퍼부을 때 연초록 잔디밭은 온통 윤슬로 빛났다. 이 앞을 지날 때마다 녹색에 취하곤 했는데 이 종손 집은 대문이 큰길에서 돌아앉아 있어 헷갈렸다. 앞마당인가 했던 뜰엔 접시꽃이 2m는 좋이 자랐다. 이 집을 기웃거리던 중에 집에서 나오던 어른과 마주쳤다. 공손하게 절하며 접시꽃이 예쁘다고 말을 건넸다. 이에 답은 없고 "저 고택도 우리 집이요." 하고 던지듯 말하고는 바쁜 듯이 길을 간다.

'저 고택도 우리 집이요.'란 말에서 뼛속 자부심이 묻어난다. 그 고택이

어느 고택이란 말인가. 숙소 정일품명가 주인에게 이 말을 전하자 그분이 바로 일두고택 종손이란다. 그 입 무거운 양반이 그런 말을 하더냐고 재차 물어온다. 일두고택 18대손으로 제법 한자리하다가 낙향해 안빈낙도 중이라고. 그분을 다시 만나려고 집 앞을 서성거렸지만 만나지 못했다. 같이 간 친구와 떼를 써서 커피라도 얻어 마실 요량이었다.

현재 마을 안내소 자리는 일두고택 하인들 거주지였다. 이 안내소 뒤쪽에서 고택으로 통하는 쪽문이 나 있다. 이 문틀 앞에 서면 일두고택 누마루 탁청재 일부가 날렵하게 보인다. 장맛비가 내리는 중에 문화관광해설사 안내를 받았다. 우산을 접고 일두고택 대문 옆 행랑채 마루에 앉았다. 비가, 높직한 사랑채 처마에서 하얀 빗금을 기다랗게 그으며 죽죽 떨어진다. 빗소리만 들리는 사랑채 마당으로 우산을 쓴 남녀가 들어서는 걸 보

일두고택 사랑채

고 잽싸게 카메라를 들이댄다.

구례 오미마을 운조루가 99칸 저택이었다는데 일두고택도 그에 버금가는 규모다. 안채, 아래채, 곳간 등 건물이 하나의 마당을 품은 게 한 동이라고. 일두고택은 이런 동이 17개였고 현재 12동이 남았다는 해설이다. 1843년에 지었다는 기록이 사랑채 상량문에 남았다. 해설사가 내게 탁청재에 올라가 보라고 한다. 신발을 벗고 조심조심 마루로 올라 누마루로 들어서니 그가 섬돌에서 셔터를 누른다. 대 성리학자의 집에서 흡사 드라마 속 마님이 된 기분으로 잠깐 어깨에 힘이 들어갔다.

방문 이튿날엔 빗기운도 걷히고 해가 쨍하게 났다. 전날 송일 내린 비에 젖은 마을 골목도 금세 말랐다. 장마철 후끈한 더위가 사그라들기를 기다려 마을 산책에 나선다. 하동정씨 고가엔 진녹색 향나무 두 그루가 집을 지킨다. 빈집이지만 깔끔한 대청마루를 지나 옆 벽으로 이어진 좁은 툇마루로 절로 걸음이 향한다. 이렇게 조붓하고 다정한 마루에 앉지 않을 용기가 있을까. 잠시 다리를 쉬며 아득한 유년을 더듬는다.

출출해지니 전날 봐 둔 부침개 집이 반짝 떠오

른다. 입간판에 '부침개, 찹쌀 부꾸미, 막걸리, 음료수'라고 써놓은 걸 봐 둔 터다. 들어서는 객을 본 주인이 부침 거리가 동났다고, 대신 애호박전을 해 주겠단다. 이내 텃밭에서 호박을 따 와 넓적하게 썰어 밀가루 반죽을 입혀 부쳐준다. 마당에 편 간의 식탁에서 막걸리를 곁들이니 호박전 한 접시가 순식간에 동이 난다. 얼핏 보아도 또래로 보이는 마을 여자들이 모임을 파하는 중이다. 막걸리 기운인지 덩실덩실 춤을 춘다. 이에 낯가림 없는 친구가 덥석 끼어들고, 객과 주민이 격의 없이 웃음을 나눈다.

수박 농사를 한다는 한 아주머니가 언제든지 자기네 집에 오라고, 수박을 그냥 주겠다며 집을 알려준다. 함양에 와서 내 고향이 이웃 거창이라는 말을 입에 달고 지냈다. 이 말이 썩 잘 먹혔다. 유서 깊고 근본 있는 마을에서 나눈 이런 정경들은 유전자처럼 몸에 배어 친숙하다.

경남 한 달 살이 '경남별곡' 여행 프로젝트에 응모했다. 이런 사유로 별의 고장 함양에 머무는 내내 비가 동반했다. 단 하루 선심 쓰듯 화창했을 뿐. 마을 식당 '고택향기'에서 먹은 고급진 종가국수 맛이 그립다.

유네스코 세계문화유산 남계서원

남계서원에 가기로 한 날, 교통편 문제로 고심하니 어느 고마운 이가 차로 서원까지 데려다준다. 남계서원은 소수서원에 이어 한국에서 두 번째로 건립한 서원이다. 소수서원에 이은 두 번째 사액 서원이기도 하다. 한국에 있는 670여 개 서원 중에서 대표 9개 서원이 유네스코 세계유산

남계서원

으로 지정될 때 남계서원이 포함됐다. 일두 정여창, 동계 정온, 개암 강익을 모시고 향사를 올린다. 정여창을 모신 서원은 전국에 아홉 군데, 그 중 주된 서원이 남계서원이다.

서원 문루 풍영루에 올라 은발이 잘 어울리는 해설사로부터 해설을 들었다. 문루 밖은 뜨거운 여름인데 문루 위는 계절을 비킨 듯 서늘하다. 시야에 담기는 자연이 온통 녹색이다. 동입서출의 예의, 서원이 갖는 강학과 제향, 유생들 기숙 공간 역할에 대한 해설이 재미있다. 바람이 어찌나 잘 통하는지, 스멀스멀 한기가 들 지경이다. 서원이나 향교마다 근사한 문루가 있다. 남계서원 풍영루는 사방 막힌 게 없어 통쾌하기 이를 데 없다.

서원을 답사하며 자주 접한 용어가 서원 철폐령이다. 그 말 앞에는 흥선대원군이 따라붙는다. 흥선대원군이 시행한 여러 개혁정책 중에 서원

철폐령이 포함됐다. 전국에 산재한 900여 개의 원사(서원과 사우=사당) 중 47곳만 남겨두고 다 없애버린 정책이다. 이는 1871년 신미년에 시행되었는데 이때 살아남은 원사가 '신미존치辛未存置 47서원'으로 불린다. 남계서원은 서원 철폐령에도 훼철되지 않은 전국 20개 서원 중 하나라는 자부심이 크다.

남계서원 옆 청계서원엔 김종직의 제자로 정여창과 함께 수학하고 교유한 탁영 김일손을 제향한다. 청계서원보다 석축 위 반송 사내에 더 눈이 간다. 돌돌 휘감은 밑동이 춘추필법의 사관이었던 김일손 선생의 성정을 닮았는가. 능치처참된 주인을 기리는 뜻인가. 굳세고 장건하다.

서원 뒤쪽으로 돌아가면 집 뒤곁처럼 아늑하다. 사당으로 오르는 긴 계단이 나오고, 언덕에는 배롱나무 몇 그루가 싱그럽다. 7월 초순인데 꽃이 피지 않아 서운하다. 떠나간 임을 그리워한다는 전설이 깃든 배롱나무를 심은 건 선현을 기리는 뜻이리.

개평마을에서 이틀 밤을 잤다. 지리산 자락 숙소로 이동하는 길에 여행가방을 어딘가에 맡겨야 화림동계곡과 거연정을 볼 터였다. 뜬금없이 파출소가 생각났고 무작정 읍내파출소로 갔다. 온 취지와 사정을 말하니 파출소 직원들이 싹싹하게 가방을 받아준다. 가뿐한 차림으로 거연정과 거연정이 앉은 함양 4경 화림풍류 비경을 감상하는 즐거움을 누렸다.

휴대용 커피메이커를 챙겨갔다. 창호문을 열어놓고 흙 마당에 줄기차게 쏟아붓는 빗줄기를, 먼 지리산 능선에 감긴 구름을 보며 원두커피를 갈고 짙은 커피 향을 마셨다. 돈으로 환산되지 않을 시간 속에서 친구와 추억을 진득하게 엮었다.

청계서원

부산행 버스를 기다리는 동안에도 장대비가 좍좍 쏟아졌다. 마침 함양 읍내 장날인데 비 때문에 장 구경도 애초에 글렀다. 전날 간 터미널 옆 도리기해장국집에서 또 뼈다귀탕을 먹었다. 눅눅한 날씨에 다시 먹어도 여전히 맛있다. 대합실로 돌아오니 몇 줄 놓인 의자에 승객이 한 방향으로 들 앉아 묵묵하다. 맨 뒷자리에 앉아 그들 뒤통수 너머로 도로에 퍼붓는 비를 보니 무성영화처럼 빗소리가 들렸다가 멀어졌다가….

지리산 웅석봉 정기가 스민 천혜 승지

산청
남사예담촌

산이 묵직하게 마을을 둘러쳤고, 내[川]가 마을을 감싸듯 흐르며, 많은 선비가 과거에 급제한 남사촌. 공자가 탄생한 니구산尼丘山과 사수泗水를 사양정사, 니사재, 이동서당 등에 차용할 만큼 학문을 숭상해 온. 한국에서 가장 아름다운 마을 제1호라는 명예가 붙은 남사예담촌이다.

어디에서도 지리산이 보이는 산청은 그 이름처럼 산과 내가 청청하다. 지리산 천왕봉, 대원사계곡, 황매산 철쭉, 구형왕릉, 경호강 비경, 남사예담촌, 남명 조식 유적, 정취암 조망, 동의보감촌이 산청 9경이다. 이들이 포함한 지리산둘레길도 빼놓을 수 없다. 남사마을은 여타 전통마을 같은 씨족 집성촌은 아니다. 정승을 지낸 진양하씨, 이성계 사위 집안 성주이씨, 호조판서를 지낸 밀양박씨, 정몽주 장인 집안 연일(=영일)정씨, 유림 독립운동을 주도한 현풍곽씨, 부자 집안 전주최씨 후손이 어울려 산다.

그간 갔던 경주 영주 고령 거창 함양 영덕 성주 등 영남권에 이어 이번에도 경남 편이다. 넓은 평지를 차지한 남사마을에 들어서면 기와집과 긴 담장이 먼저 눈에 띈다. 예담촌이란 이름이 썩 잘 어울리는 마을이다.

고택마다 고목 한 그루씩 가문의 영광인 듯 섰고

단성면 남사예담촌은 니구산 자락에 터 잡은 지 700년, 유교적 성향도 강하다. 공자의 학문을 숭상했던 자취가 곳곳에 남았다. 사양정사泗陽精舍, 니사재尼泗齋, 이동서당尼東書堂 등의 명칭이 그것이다.

1700년대 건축이며 남사마을 대표 고택인 이씨고가 앞 부부회화나무는 마을 명물이다. 회화나무 두 그루가 골목 양쪽에서 서로 교차해 구부러졌다. 산 나무가 만든 통로가 마치 일주문인양 이채롭다. 이곳에서 인증샷을 찍는 건 필수 코스다. 니구산 일출이나 망추원경 같은 마을 8경은 모르고 이 나무 아래만큼을 꼭 지난다.

회화나무를 학자수라고도 일컫는다. 그 연유는 중국과 연관 있다. 주나라 봉건시대 때는 무덤 구별을 나무로 표시했다. 천자의 무덤에는 소나무를, 제후의 무덤에는 측백나무를, 사士의 무덤에는 회화나무를 심었다. 이런 이유로 회화나무를 선비나무 혹은 학자수라 불렀다는 설이다. 향교, 서원, 정자가 있는 데서 회화나무를 흔히 본다. 집성촌 고택에서 종종 만나는 회화나무는 집안에서 과거급제자가 나올 때 기념하여 심었다. 그때 심은 나무가 무성하게 자라서 더러 빈집이 된 고택을 지킨다.

나무 두 그루가 햇볕을 서로 양보하려고 가지를 굽혔을까. 햇볕을 더

받으려고 서로 가지를 비튼 건 아닐까. 부부가 손잡고 이 나무 아래를 지나가면 백년해로한다는 이야기가 그럴싸하다. 언제, 누구로부터 그런 이야기가 엮였는지 민간설화가 흥미롭다.

회화나무 골목 이씨고가는 태조 이성계 사위 이제李濟의 집이다. 이제는 이성계와 신덕왕후 사이에서 태어난 경순공주와 혼인했다. 작은 산촌에서 그의 권세가 어마어마했겠다. 사람됨과 벼슬, 집안이 당시 최고 권력가의 사위가 될만한 수준이었으리라. 그런 고택에서 하룻밤을 묵고 싶었다. 한데 그 댁 종손의 말인즉, 감 수확도 해야 하는 등 손이 바빠 객을 받지 않는단다. 취재차 간다는 말에 잠

부부회화나무

이씨고가 굴뚝

깐 뜸 들이곤, 방을 내어 주긴 하겠는데 애석하게도 보일러가 고장이란다. 상서로운 기운을 좀 받아 볼까 했는데 쌀쌀한 날씨에 떨고 잘 수는 없는 일이 아닌가. 오호통재라.

이씨고가 사랑채 앞마당에 선 굴뚝이 생뚱맞다. 마당에 무슨 굴뚝이라니. 그러나 의도하지 않은 배치는 없는 법. 좋지 않은 기운을 빼내고 불기운을 승천시킨다는 염원을 담았다는 굴뚝이다. 마당 하늘을 가린, 몸통에 구멍 뚫린 회화나무도 이 가문의 내력에 일조한다. 이 나무 배꼽에 손을 넣으면 소원하는 아이가 생긴다고.

남사마을에서 봐야 할 망추정望楸亭과 니사재尼泗齋

가려고 했던 마을을 막상 답사하면 예습한 내용을 복습하는 기분이다. 당도해서 보면 준비한 정보가 소용없을 때도 있다. 현지인에게 묻는 편이 훨씬 효율적이고 실질적이기 때문이다. 몰랐던 유적지라도 알게 되면 그야말로 유레카를 외치고 싶어진다. 산 정상 가까이에 외따로이 있는 망추정과, 망추정 가는 길에 만난 니사재가 딱 그랬다.

망추정과 니사재는 밀양박씨 재실이다. 다 박호원이라는 선비와 연관 있다. 박호원(1527~?)은 임꺽정의 난 진압에 공을 세우고 대사헌과 호조판서를 지냈다. 망추정은 박호원이 그의 어머니가 죽자 시묘살이했던 곳에 지은 재실이고, 니사재는 후손이 그를 기려 지은 재실이다.

니사재 앞 안내판을 보자니 가슴이 펄떡거린다. 이순신 장군이 권율 도원수부가 있는 합천으로 가던 길에 하룻밤 유숙했다는 기록이다. 장군이 백의종군하던 길로 난중일기에도 기록됐다. 장군은 1597년 유월 초하루에 하동군 옥종면 정수리에서 출발해 오후 늦게 산청 단성면에 도착했다. 당시 옥고를 치른 아픈 몸에다 비까지 내렸다. 밤은 깊어 이 지역 유력한 집안인 박호원의 노비 집에 들러 하룻밤을 묵었다. 남사촌 개울 건너에 있는 니사재에는 옹골진 배롱나무가 장군의 성정인 양 꼿꼿한 자세로 재실을 지킨다. 산청 9경보다도 니사재를 만난 감격이 크다. 이곳 '백의종군길'은 당시 이순신 장군이 걸었던 길을 재현한 길이다.

니구산과 이어진 소괴산 망추정으로 가는 산길이 가파르다. 숨을 헐떡이며 산꼭대기가 가까운 망추정에 당도했을 때 탄성이 터진다. 잎 하나 빠짐없이 주황색으로 물든 나무 한 그루, 이 나무 때문이라도 이곳에 오지 않았더라면 후회할 뻔했다. 가래나무다. 망추정 앞 추나무(망추정이란 이름이 유래한 나무=가래나무)가 보이는 전경에서 마을 8경이 나올 법하다.

니구산일출(마을 용머리에 해당하는 니구산의 아침 일출), 사수청류(천왕봉

니사재

망추정 가래나무

에서 발원한 사수천의 맑은 강물에 비친 풍경), 동수량음(숲의 시원한 바람과 푸른 나무 그늘 밑의 정취), 용소은린(사수의 급물살이 용의 비늘처럼 은빛으로 반짝이는 모습), 전산풍엽(마을 앞 들산이 오색단풍으로 물든 정경), 고암백월(니구산 북바위에 하얀 달빛이 쏟아지는 정경), 내현류지(내현재 뒤편에 있는 아늑한 습지 정경), 망추원경(망추정에서 바라보는 추나무의 고즈넉한 풍경)이 마을 8경이다.

나무를 즐겨 심고 가꾼 산청 사람들

산청 사람들은 예부터 나무를 즐겨 심고 가꿨다. 그런 흔적이 산청 곳곳에 남았다. 산청삼매는 사대부들이 언급한 나무로 유명하다. 고려말 원정공 하즙이 집 마당에 심은 원정매, 하즙의 외손 강회백이 단속사에 심은 정당매, 조식이 산천재에 심은 남명매가 그것이다.

남사마을에도 묵은 나무 한 그루씩 터줏대감처럼 집을 지킨다. 이씨고가 부부회화나무와 삼신목 회화나무, 하씨고가 감나무, 사효재 향나무, 선명당 단풍나무, 사양정사 배롱나무 등. 기본 수령이 수백 년인 이늘 나무야말로 마을 역사의 증표다.

황토집 뒷골목은 밤이면 고즈넉했다. 후미진 골목에 가로등 붉은 빛살이 자욱이 깔리고, 중국 영화 〈화양연화〉 장면 같은 몽환의 분위기가 드리웠다. 담장은 벽돌색으로 물들고, 사람 그림자는 좁은 골목에 길게 드러누웠다. 인적 뜸한 이 골목에 육백 살 먹은 감나무가 산다. 일명 하씨

하씨고가 감나무

고가 감나무다. 남사마을 태생으로 고려말 관리였던 하즙의 손자 하연이 그 어머니를 생각해 심은 나무라는 해설판이 붙었다.

늙은 이 감나무도 어엿한 마을 구성원이다. 유한한 생명이 태어나 흙으로 돌아가기를 무한 반복하도록 생을 유지한 감나무가 경외스럽다. 문득, 나무를 바라보는 사람보다 시선을 받는 나무가 더 행복할까 하는 생각이 든다. 세상에 왔다가 금세 사라지는 인간을 오히려 나무가 지켜보는 건 아닐지. 울퉁불퉁 굴곡지고 썩은 듯 산 노구에 빨간 감 몇 알을 매달았다. 마치, 살아있음을 확인하라고 보란 듯이.

지자체 한 달 살이 사업 '산청에 살어리랏다'에 응모했다. 해당 군을 자유여행하고, 관광역사자원 탐방, 축제를 체험한 후 개인 SNS에 홍보하고 숙박비와 체험비 일부를 지원받는다. 이에 참여해 예담촌에서 이틀간 숙박했다.

어떤 곳을 읽자면 그곳에서 묵어 보는 게 지름길이다. 여명과 일몰 때 마을이 물든 정경을 보고, 가로등 켠 후미진 골목 정도는 걸어봐야 글의

사양정사

물꼬가 트이지 않을까. 또, 여행지에서는 현지식을 먹어봐야 하는 법. 한눈에 친정어머니가 떠오른 숙소 안주인에게 아침 식사를 부탁했다. 가을 그즈음엔 일이 바빠 숙박객 식사는 준비하지 않는단다. 특별히 맘 써 준 덕에 토속 된장국과 청국장으로 집밥 맛의 정수를 맛보았다.

대성산 중턱 정취암 가는 길에 본 단풍으로 물든 산야, 대원사 대웅전 앞 한 무더기 파초, 구형왕릉 가는 길에 사열해 주던 밤머리재 홍단풍…. 지리산이 둘러싼 산청, 맑고 쾌적한 산하에 머릿속까지 말끔히 헹군 느낌이다.

천석지기 종가가 대를 이은
애국지사 고을

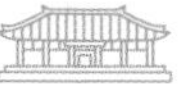

의령
입산마을

충익사, 자굴산, 봉황대, 벽계관광지, 정암루(솥바위), 탑바위, 수도사, 백산 안희제 생가, 호암 이병철 생가는 의령 9경이다. 최초로 의병을 일으킨 홍의장군 곽재우와 독립운동가 안희제 선생이 포함됐다. 문학인에게 의령은 천강문학상으로 인식된다. 의령현 세간리 태생 의병장 곽재우를 기리고, 문학 저변 확대와 군 홍보를 겸한 문학상 제정으로 의령 위상이 높아진 건 사실이다. 1회 때 수상자로 인연이 닿았으니 의령에 갖는 소회가 각별하다.

이 의령에 특별한 나무가 존재한다. 유곡면 세간마을 '세간리 현고수(느티나무)'다. 현고수는 임진왜란이 발발해 왜군이 부산포에 침입했을 때 곽재우가 북을 매달아 놓고 치며 의병을 모았다는 나무다. 곽재우 생가 앞 '세간리 은행나무'와 함께 천연기념물이다. 추정 수령이 600년인 세간리 은행나무는 밑동 풍채가 경탄할 만하다. 거치적거릴 것 없는 공간을 향해 당차게 뻗친 이 나무가 가을에 황금색으로 물든 장관을 보려면 시기를 적절하게 맞춰야 한다. 하룻밤 스친 바람 한줄기에도 우수수 단풍이 져버리기 때문이다.

입산마을은 탐진안씨가 1600년 초에 고승의 예언을 따라 이주했다는 기록이 있다. 항일 애국지사 백산 안희제, 안호상 선생이 태어난 마을로 호국 정신이 뿌리에 밴 마을이다. 마을 골목을 걸을 때 그런 생각으로 자못 경건해진다.

독립운동가 백산 안희제의 정신이 깃든 입산마을

부림면 입산마을 입향조는 순흥안씨 탐진군파 안기종(1556~ 1633)이다. 그는 임진왜란이 일어나자 곽재우 휘하로 들어가 유곡, 영천, 화왕산성 등지에서 전공을 세웠다. 마을 앞 널찍한 들이, 조그맣지만 평범하지 않은 이 마을의 곳간 사정을 헤아리게 한다. 임란이 발발하기 전에 터 잡은 비범한 마을인가 싶다.

부산 중구 동광동(백산길) 백산기념관을 들르고서야 글쓰기를 시작한다. 입산마을을 두 번 갔음에도 백산기념관을 봐야 글을 쓸 수 있을 것 같았다. 부산MBC 창사 63주년 특별기획 〈부산 근현대인물열전 백 년의 기억〉 안희제 편을 보고 너무 헐렁한 정신으로 글쓰기에 임했음을 깨친 때문이다.

안희제(1885~1943) 본관은 탐진耽津, 호는 백산白山이다. 백산상회는 선생이 고향 전답 200두락을 처분해 부산에 설립한, 대한민국 임시정부 독립운동자금의 젖줄이었다. 임시정부 자금을 책임졌던 백산이었다. 이를 뒷받침한 이가 경주 최부자 집안 12대손 최준이다. 부자로 떵떵거리며 사는 데 그치지 않고 나눔을 실천한 경주 최부자 후손인 그를 다시 보게 된다.

당시 일화가 전한다. 독립자금이 오간 김구 선생과 최준 사이의 연락책이 안희제였다. 최준이 김구 생전 마지막 거처인 경교장을 찾아왔다. 거액의 독립자금을 댔으니 제대로 전달이 됐는지 궁금했을 터. 최준이 기록한 자금 명세표와 김구 선생이 가진 수첩 내용을 대조했다. 양쪽 장부에

백산 안희제 생가

적힌 금액 50만 원(현 200억 정도)이 거의 일치했다고 한다. 이에 최준은 안희제 묘소가 있는 의령 쪽을 향하고 대성통곡했다고 후손이 들려준다.

'의령 안준상고택, 안범준고택, 안호상고택'과 '의령 탐진안씨 종택'이 듬직하다. 독립자금 60%를 책임진 막중한 임무를 띤 백산 선생을 물밑 지원했다는 안씨 마을. 우리 민족 뿌리 찾기에 한평생을 바친 안호상 박사, 임란 공신 안기종 의병장과 독립유공자, 제헌의원과 초대 문교부장관이 나온 명문 마을. 나라를 대하는 마음이 남다른 마을이다. 담장마다 펄럭이는 태극기 벽화는 이들 자부심이며 자긍심이었다.

탐진안씨 종택 대문을 들어서니 화단에 쪼그리고 풀을 뽑는 이가 있다. 늦가을 따가운 볕에 얼굴이 발갛게 익었다. 불시에 찾아든 방문객이 일손을 방해한 격이 됐다. 이 댁 종부란다. 찾는 이를 배려해 사시사철 열어 두는 대문이라 이런 일이 다반사일 것 같다. 종부란 종택을 관리하고 방문객도 맞이해야 하니 두루 아량도 갖춰야겠다. 객을 살갑게 반겨주니 불쑥 들어간 처지에도 덜 멋쩍다.

지간고택 편액이 걸린 사랑채로 안내하는 안주인의 고운 인상이 한옥에 잘 어울린다. 덕분에 편안하게 마주앉았다. 집이 썩 고옥은 아니다. 대문 입구에 우뚝 선 회화나무가 버지잃아 이 종택의 명물이 되겠다. 고택이 한옥에 깃든 오랜 시간까지 포함한다고 볼 때 탐진안씨 종택은 고택으로 묵어가는 중이다. 사랑채 마루에서 안채와 회화나무가 선 종택을 감상한다. 온기를 지피는 집이라 그런지 남의 집같지 않게 편안하다.

가까이에 살면 풀 뽑을 때 거들 텐데 아쉽다고, 빈말 같은 진심을 전한다. 시골 마당은 풀을 뽑지 않으면 어떻게 변하는지, 그 힘듦을 알기에

의령 탐진안씨 종택

의령 안준상고택

의령 인호상고택

탐진안씨 종택 종부

한 말이다. 가끔 주말에 들러 집을 관리한다는 종부가 차를 내온다. 종택 종부가 살아가는 단면을 보며 자긍심 너머 수고로움을 엿본다. 만약 내게 종부라는 가업이 주어지면 그 역할에 당당할 수 있을까. 한 집안 맏며느리를 삼십여 해 했지만, 종부는 자신이 없다. 종택 대를 잇는 많은 종손과 종부에게 경의를 표한다.

세간마을 의병장 곽재우와 현고수懸鼓樹

망우당 곽재우(1552~1617) 장군은 유곡면 세간리에서 태어났다. 유곡천 세간교를 지나면 나오는 세간마을 입구에서 공원이라고 하기에는 소박한 의병기념공원을 만난다. 여기에 곽재우가 의병을 모았다는 느티나무가 몇백 년째 생을 잇고 있다. 휜 가지가 큰북을 매달아 북을 치기에 알맞았겠다고 상상한다. 나무가 노쇠해 힘 부치는가. 처진 가지가 지렛대에 의지했다. 장군이 태어나기 전부터 존재했을 나무가 의젓하게 살아 역사를 증언한다.

이곳에서 차로 십 분쯤 가면 곽재우 생가에 닿는다. 생가 앞 넓은 터를 차지하고 뻗어오른 은행나무는 한눈에 보기에도 몇 아름은 돼 보인다. 이 노거수 밑동에서 뻗친 가지가 어마어마하다. 나무 위상에 기가 죽을 정도다. 망우당이 태어날 때부터 있었으니 그도 이 나무 아래에서 놀았을까.

이런 은행나무를 자산으로 가진 세간마을은 동신제를 지낸다. 마을을 수호해 준다는 신을 모시고 한해 풍년과 평안을 빈다. 동신제 대상은 뒷산 떡갈나무, 곽재우 생가 앞 은행나무, 현고수 느티나무다. 모두 수령이 몇백이다. 제의를 갖춰 입은 마을 어른들이 금줄 두른 나무 앞에 상을 차리고 절을 올린다. 이런 세시풍속도 걸출한 인물이 탄생하는 기원으로 작용했겠다.

곽재우 생가 은행나무는 가을이면 거대한 황금나무로 변신한다. 잠깐 한눈파는 사이에 금빛 잎은 지상으로 낙하할 정도로 바람에 민감하다. 샛노란 카펫을 깔고 말갛게 선 나무가 의연하다. 그 앞에서 사람은 작은 한

세간리 현고수

점에 불과하다.

그곳 관계자로부터, 막 찍었다는 은행 단풍이 절정인 사진을 받고 달려갔다. 하룻밤 새 사진 속 단풍은 우수수 지고 나무는 홀가분하다. 듬성듬성하게 매달린 단풍을 보며 하룻밤 꿈이 허탈하기 짝이 없다.

푹석한 단풍 위에 나무와 마주하고 앉았다. 저만치로 붉은 옷을 입고 말 위에 앉은 곽재우 장군과 눈이 마주친다. 육백 년생 세간리 고목이 털어낸 흔적 위에 앉아 오백 년 전 사람과 시선이 닿은 은밀한 교감이라니….

돌아오는 길에 의령 명물 망개떡을 샀다. 떡을 먹을 때마다 세간리를 기억할 것 같다.

탐진안씨 종택 종부에게 한개마을 편이 실린《수필과비평》241호를 전했다. 그 며칠 후 답장이 왔다. 좋은 내용 잘 읽었으며 좋은 인연 감사하다고. 이런 인연이 귀하다. 종부나 종손을 만나는 이유는 명백하다. 그 마을이 집성촌으로 맥을 이어오는 중심에 있는 사람이므로.

세간리 은행나무

옛것과 함께 살아가기

4

구례 오미마을

보성 강골마을

나주 도래마을

장흥 방촌마을

제주 성읍마을

타인능해他人能解
운조루에서 화엄사까지

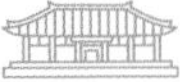

구례
오미마을

일 년을 기다렸다. 천년고찰 화엄사에 고찰의 격을 더하는 흑매와 들매가 겨울잠에서 깨기만 기다렸다. 오랜 시공이 스민 대상을 대하면 속이 그득해지는 느낌이다. 거기에 담긴 시간의 자취만으로 경외하는 마음이 생긴다. 봄풀이 돋는 삼월 중순이 흑매 개화 적기라기에 기다리다 때맞춰 달려갔다.

저택 운조루도 9년 만에 다시 찾았다. 운조루가 있는 오미마을에서 그간 흐른 시간을 실감한다. 산뜻했던 마을 간판이 낡고 색이 바랬다. 적힌 글씨마저 희미하다. 툭 트인 들녘을 스치는 섬진강 바람은 예나 지금이나 쾌적하다. 곡전재 운조루 쌍산재를 유산으로 물려받은 오미리는 복 받은 땅이다.

때맞춰 한 TV 방송에서 '윤스테이'라는 숙박프로그램을 시작했다. 가려고 작정한 오미마을과 이웃한 상사마을 쌍산재에서다. 가는 날에 맞춘

듯이 화엄사에서는 '제1회 홍매화 · 들매화 휴대폰카메라 콘테스트'를 개최했다. 250여 년 전에 지은 운조루를 만나고 화엄사로 가는 길. 살얼음 아래로 돌돌 흐르는 개울물처럼 마음이 달뜬다. 사진 콘테스트에도 응모해야지. 뜬금없이, 이 또한 설레는 일이다.

굴뚝을 섬돌 밑으로 내어라, 운조루 창건자 인심

> "굴뚝을 섬돌 밑으로 내어라. 밥 짓는 연기가 멀리서 보이지 않도록 해야 한다. 쌀이 없어 밥을 지을 수 없는 사람에겐 밥 짓는 연기만 보여도 속상할 수 있으니…."

운조루 창건자 류이주 선생의 인심이 드러나는 대목이다. 굴뚝은 연기를 배출하는 역할을 한다. 시골은 굴뚝을 담장보다 높게 하는 경우가 대부분이다. 운조루 안채에 섬돌보다 낮은 곳에 뚫은 굴뚝이 있다. 기단에 구멍을 내서 연기를 빼내는 일명 가렛굴이라는 굴뚝이다. 기단으로 굴뚝을 내어 연기가 담 밖으로 나가지 않게 하려는 목적도 있겠지만, 부뚜막 열효율을 높이고 연기로 벌레를 쫓는 지혜이기도 했을 것이다.

운조루에는 특이한 모양의 뒤주가 보존돼 있다. 누구나 뒤주를 열 수 있다는 '他人能解타인능해'라는 글씨가 선명하게 적혔다. 튼실한 통나무 뒤주는 양식이 떨어진 이들을 돕기 위한 용도였다. 그들이 쌀을 가져가라고 뒤주 아래쪽에 구멍을 뚫어놓았다. 특히, 이 뒤주를 사랑채 헛간에다 두었다는데 쌀을 퍼가는 사람과 주인이 마주치는 민망함을 겪지 않도록 한

주인의 배려였다. 동학 혁명, 여순사건 같은 난리에도 운조루가 건재할 수 있었던 건 곳간 인심 덕분이었다고 전한다. 베풂을 받은 이들이 나서서 운조루를 지켰을 법하다. 굴뚝을 섬돌 아래로 낸 창건자의 마음과 뒤주로 베푼 인심에 답한 결과가 아닐까.

운조루 열여덟 칸 행랑채 중간쯤에 대문을 두었다. 대문을 들어서려는데 대문 앞 평상에 앉았던 노파가 주저주저 손을 내민다. 같이 간 친구는 9년 전에 왔을 당시 노파 얼굴을 기억해 낸다. 운조루 9대 종부라는데 평상 위에 직접 만들었다는 효소, 간장과 봄나물, 버섯 같은 걸 정갈하게 담아놓고 판다. 시도 때도 없이 와서 사진 찍고 훑고 가는 방문객이 성가실 만도 하다. 개인의 삶은 온전히 누리지 못할 것 같다. 그 옆에 앉아 운조루에서의 삶을 짧게라도 듣고 싶었다. 한데 물음에 돌아오는 답이 짧디짧다. 사람에 지쳤을까. 입장료 받는 게 민망해서일까.

뜰엔 용트림하듯 가지가 굽이친 나무에 연분홍 살구꽃이 만개했다. 운조루 편액이 붙은 큰사랑채 마루는 삭아 이음매가 헐겁다. 더러 못도 박았다. 그런 운조루 누마루에 방문객 몇이 자기네 집처럼 올라 앉았다. 당장 신발을 벗고 올라가 정원 풍경을 감상하고 싶지만 이내 생각을 접는다. 관광객이 우르르 따라 올라서는 사태가 벌어지면 운조루가 견뎌낼 수 없을 것 같아서다.

안채로 들어서는데 한곳에 눈길이 고정된다. 마당 한쪽에 옹기종기 자리잡은 장독대에 우윳빛 목련꽃이 뽀얗게 피어 있지 않은가. 잎만 무성할 때는 그 나무가 목련인 줄도 몰랐다. 잎조차 없을 때는 무슨 나무인지 더더욱 알지 못했다. 한데 그것이 목련일 줄이야. 누군가가 목련을 선택해 심은 일은 정말 잘한 일이었다는 생각이 든다. 빈 가지에 핀 백목련,

운조루 행랑채

운조루 사랑채

고만고만한 장독이 묵은 집과 다소곳이 잘 어울린다. 목련 앞에 서서, 이 집에 살았던 사람들과 돌배나무 섰던 외갓집을 떠올린다.

운조루는 류이주가 낙안 수령으로 있을 때 지었다. 사랑채 상량문에 영조 52년(1776)에 세웠다는 기록이 있는데 100여 칸이던 집이 현재 60여 칸 남았다. 둘러볼 수 있는 건 사랑채와 안채, 행랑채 정도다. 도연명의 「귀거래사歸去來辭」에서 각 시구 첫 자를 땄다는 '운조루'. 당호조차 멋스러워 찾는 이가 많은지도 모르겠다.

雲無心以出岫운무심이출수
구름은 무심히 산봉우리를 돌아 나오고
鳥倦飛而知還조권비이지환
날다 지친 새들은 집으로 돌아올 줄 아는구나

목련꽃에 취했을 때 밖이 소란하다. 한 무리 관광객이 운조루에 들어섰나 보다. 조용히 집을 둘러보던 친구와 나는 눈살 접으며 서둘러 나왔다. 주민 주거지인 고택을 방문할 때 최소한의 예의를 갖추고 걸음을 조심할 일이다.

베풂의 본보기로 경주엔 최부잣집이, 구례엔 운조루가 있었다.

『택리지』를 쓴 이중환은 운조루를 몇 안 되는 살기 좋은 곳으로 꼽았다. 운조루 집터를 금가락지가 떨어진 모양으로 보는 것도 그 맥락에서다. 이 금환락지에 속하는 곡전재도 오미마을 입구에 있다. 곡전재는 위용 있는 저택이 아니다. 아담하고 정갈하게 가꾼 정원이 맘을 끌어 조용히 거닐었다. 이런 정원에 빗방울이 들으면 운치 있겠다. 곡전재는 비멍 때리고 싶은 집이다.

오미마을은 지리산 둘레길 송정~오미, 오미~방광, 오미~난동 구간의 시종점이다. 9년 전에 이 마을을 지나 섬진강 둑길을 걸어서 사성암에 갈 때 길가에 코스모스가 하늘거리고 들은 황금빛으로 넘실댔다. 그때 섬진강을 따라 달리는 전국 철인삼종경기 행렬을 응원했다. 당시 경기에 출전한 조카가 1등을 했다고.

붉은 흑매 · 흰 들매 피는 화엄성지

화엄사는 신라 진흥왕 시대인 544년에 창건한 절이다. 봄엔 흑매라 부르는 매화로 화엄사가 술렁댄다. 들매는 강릉 오죽헌 율곡매, 장성 백양사 홍매, 순천 선암사 선암매와 함께 천연기념물로 지정됐다. 화엄사엔

운조루 사당

각황전, 석등, 사사자삼층석탑, 사자탑 등 국보와 보물도 볼거리다.

각황전과 원통전 사이에 선 흑매는 꽃이 하도 붉어 붙은 이름이다. 빛의 방향에 따라, 시간에 따라 그 붉은 정도가 다르다. 감성 여린 사람처럼 날씨에 따라서도 그 색을 달리한다. 이 매화 개화 시기를 맞춰 오기란 여간 까다롭지 않다. 서둘러 오면 한껏 움츠린 꽃망울이 새치름할 테고, 조금 늦장 부리면 꽃을 못 봐 허탈할 테니.

이 꽃을 보려고 얼마나 기다렸나. 80% 개화했다는 현지 소식을 듣고 달려왔다. 장중한 각황전 마당 사자탑 뒤로 빨간 꽃 무더기가 보인다. 조선 숙종 때 계파선사가 각황전 중건을 기념하며 심었다는 매화나무가 한껏 치장하고 중생을 불러 모은다.

절 지붕 사이로 흑매 존재감이 도드라진다. 보제루 앞에서 매화꽃에 눈 맞추고 매화나무로 간다. 꽃나무가 각황전 처마 끝에 달린 풍경보다 더 높이 솟았다. 매화나무가 이리 클 수도 있구나. 참으로 아득하구나. 늙

은 나무가 힘껏 틔운 이 꽃을 보려고 기다린 시간만큼 꽃을 대하는 마음이 애틋하다. 오롯한 내 꽃이 아니기에, 꽃이 다 질 때를 보지 못하고 돌아서야 하기에. 전국에서 찾아온 사람들이 휴대폰으로, 렌즈 달린 카메라로 꽃을 찍고 찍는다. 눈으로 찍고 가슴에 찍어 담는다.

매화꽃을 못 봤다는 생각이 들까 봐 이따금 카메라를 내리고 꽃에 눈을 맞춘다. 전날까지 비가 내려서인가. 꽃잎마다 이슬이 송송 맺히고, 그 사이로 보는 건너편 안개 감긴 산허리는 다시 못 볼 풍경이다. 혹자는 다른 사람 시선을 무시하고 매화나무 둘레에 쳐 놓은 영역으로 들어서서 자세를 취한다. 그러다가 해설자로부터 점잖은 꾸지람도 듣는다. "320세 어른이십니다. 들어가지 마십시오." 이 말에 듣는 사람 속이 다 후련해진다. 매화를 에워싼 사람들도 같은 마음일 것이다. 나무 입장을 배려하지 않으면 사람 등쌀에 매화 어르신이 어디 성하겠는지.

다음 날도 자는 둥 마는 둥 하고 새벽 여섯 시쯤 절에 도착했다. 산중 절은 어둠 속에서 고요하고, 나한전 열린 문엔 금색 불이 환하다. 잠에서 덜 깬 홍매가 비단옷 입은 자태로 거기 있다. 햐, 이건 꼭 봐야 할 선경이다. 새벽 매화는 낮에 본 매화에 비견되지 않을 만큼 매혹적인 붉음이다. 애절한 듯, 처연한 듯, 진통을 겪은 색이다. 찍은 사진을 봐도 여실하다. 낮의 꽃은 바랜 듯 감흥이 시들하고, 새벽 꽃은 젖은 공기를 머금어 꽃 색이 펄펄하다. 새벽 사진이 없었다면 낮의 사진으로도 만족했을 터. 곧 어둑발이 걷히면 꽃불 켰던 매화도 몸을 풀며 편안하게 대승을 맞을 것이다.

각황사의 우람한 낡음과 새빨간 홍매화의 대비에 겨운 시간이다. 꽃 보는 자리를 옮기려고 각황전 뒤쪽 모퉁이를 보는데 아뿔싸. 카메라 삼각대에 통 큰 렌즈를 장착한 무리가 보이고, 몇 명이 동시에 팔을 휘젓는다. 그곳에서 어서 비키라고 훠이훠이. 그들 렌즈에는 꽃나무 아래에서 허둥대는 내가 거슬렸을 것이다. 간혹 모델도 됐을까. 나오라고 소리치지도 않고 지켜보다가 시선이 마주치자 기다린 듯 손짓했던 게다. 그러면 그렇지. 새벽이었지만 절에 핀 꽃을 독차지하려 한 건 얄팍한 욕심이었다.

전날 배알하지 못한 국가보물 각황전에 들었다. 매화는 거기 잠시 두고 세 부처께 삼배를 올린다. 높은 천장을 떠받친 나무 기둥 덩치에 압도당하면서도 맘은 온통 매화에 가 있다. 한때 수십 개 암자를 두고, 삼천여 스님이 화엄 사상을 꽃피운 도량이었다는 화엄사. 국보인 석등을 내다보다가 이내 꽃나무로 시선을 돌린다. 동이 틀 때 보니 이번엔 다홍색이다.

구층암 모과나무 기둥

아침부터 꽃을 취하러 온 카메라가 꽃 주변으로 자석에 끌리듯 모여든다. 절 주변에서 하룻밤 묵지 않았더라면 정결한 아침 절 풍경도 접하지 못했을 것이다. 한 해 뒤 다시 갔을 때는 각황전 중앙 문을 그물로 막아놓았다. 부처님께 집중하지 않고 매화를 내다보는 이가 많았던가 보다.

사백 살 야생 매화인 들매는 화엄사 뒤 길상암에 가면 볼 수 있다. 세상과 떨어져 높이 핀 백매가 고결해 보인다. 법당 부처처럼 소리 없이 저 홀로 불 밝힌다.

길상암 가는 길에 만나는 구층암, 그 뒤쪽에 가면 모과나무 자연목을 그대로 기둥으로 쓴 요사寮舍가 나온다. 어떤 이는 이 모과나무 기둥 부처께 삼배를 올린다든가. 천불보전 뜰에서 자란 모과나무를 잘라서 썼다고 하는데 지금도 모과나무가 산다. 천불보전 앞 계단에 앉아 길상암으로 가는 사람들을 지켜보니 희귀한 기둥의 존재도 모르고 지나쳐들 간다. 둥치가 튼실한 모과나무에 모과가 익으면 구층암 승방 마당에 달달한 모과 향기가 고이겠다.

화엄사에서 나오는데 뭔가를 두고 나오는 듯 허전하다. 매화꽃을 그리 보고도 더 못 담아서인가. 아니면 한 시절 피고 져버리는 꽃을 두고 떠나서인가. 신성 '봄이 와서 매화가 피는 게 아니라 매화가 피어서 봄'[1]임을 실감한다.

1 손광성 『꽃, 그 은밀함의 세계』에서 인용

득량만을 품은 옹골찬 토착 마을

보성
강골마을

소설『태백산맥』, 판소리, 꼬막, CNN이 뽑은 '세계의 놀라운 풍경 31선'에 오른 보성녹차밭의 고장 보성, 이 보성에 국가민속문화재를 네 개나 가진 마을이 있다. 득량면 강골마을이다.

별로 기대하지 않았던 강골마을은 옹골찼다. 마을 앞 득량만 간척지 예당평야에 가슴이 다 후련하다. 바다였던 들판이 처음부터 농토였던 듯 자연스럽게 펼쳐졌다. 이 간척지에서 농사를 짓자고 들어온 사람들이 새 마을을 이룬 반면 강골마을은 950여 년 전에 터 잡은 토착 마을이다. 해풍 영향이 컸을 테다. 방풍림으로 조성했을 대나무 숲이 담벼락이 되고 바람막이 역할을 한다. 방조제가 생기기 전엔 마을 앞까지 바닷물이 들어차 이름도 강골[江谷]이다.

마을 뒤 산자락에 자리한 열화정에서 드라마 〈옷소매 붉은 끝동〉을 찍는단다. 이 드라마 속 단아하고 고졸한 저 정자가 어디일까 하고 챙겨봤다. 그곳이 열화정이었다. 꽃도 단풍도 다 졌건만 열화정은 삭막하지 않다. 동백나무가 맞나 싶을 만큼 왕성하게 가지 뻗친 동백나무가 열화정을 둘렀다. 썩 오랜 연륜은 아니지만 열화정은 강골마을의 상징이었다.

이진래고택에서 차종부와 두런두런 담소하며 커피를 마셨다. 퇴직하고 낙향해 고택을 관리하는 부부 모습이 차분하고 평온해 보였다.

14대손 부부가 낙향해 살아가는 이야기

강골마을은 광주이씨 집성촌이다. 칠곡 매원마을이 광주이씨 큰집이라면 강골마을은 그 작은집 격이다. 같은 광주이씨 세거지로 방문객이 보기에 그렇다는 뜻이다. 마을에는 타성도 섞였지만 대부분 광주이씨와 혼인으로 맺어진 관계다. 옛 풍습을 보면 신랑이 일정 기간 신붓집에 머물며 사는 일이 고구려 때부터 조선 초까지 이어졌다. 오랜 기간 이런 혼인풍습이 이어진 걸 보아, 마을 타성도 그런 결과에서 기인한 건가 싶다. 이 마을뿐 아니라 특정 성씨들이 사는 집성촌에 섞인 타 성씨도 같은 경우일 거로 본다.

이순신 장군이 임진왜란 때 식량을 많이 얻은 데서 유래했다는 득량. 장군이 백의종군을 끝내고 가장 먼저 달려와 수군을 재건했다는 고장이다. 내비게이션 안내를 따라 샛길로 접어들자 대숲이 보이고 그 뒤로 겹겹이 맞댄 기와지붕이 보인다. 보통 전통마을엔 가계의 위계가 높을수록 마을 뒤쪽 높은 지대에 앉았다. 이 마을은 지형을 따른 연유인지 번듯한 기와집들이 마을 앞쪽으로 길게 자리했다.

집 한 동 앉힐 만큼 넓은 연못을 둔 고택이 단연 눈에 띈다. 권세와 가문을 드러내는 솟을대문 집은 '보성 이진래고택'이다. 이 집은 1835년(헌종1년)에 선조 이진만이 지었다. 현재의 집을 지은 지는 200년가량이지만 원 집의 역사는 훨씬 오래전으로 거슬러 오른다고. 전통가옥을 보수하고 보전하는 현실적인 과정이 있었겠다.

고택으로 들어서려는데 문이 잠겼다. 안쪽에서 가로지른 걸쇠가 대문 틈으로 보인다. 아뿔싸. 이대로 돌아서야 하는가. 먼길 와서 좌절하는데 마당에서 인기척이 난다. 취재차 온 걸음이라 결례를 무릅쓰고 대문을 두드렸다. 두어 번 재차 두드리자 웬 당찬 사람인가 했을 것이나. 주인은 누구냐고 묻지 않고 대문을 열어 객을 마당으로 들인다. 찾아오는 손님이 귀찮기도 하겠지만 자기네 집에 온 객이 아닌가. 싫은 내색도 없으니 이도 고택을 지키는 이의 아량이 아닌가 싶다.

이진래고택은 긴 담장이 옛 곳간의 풍요를 상징하는 듯하다. 집엔 문간채부터 사랑채, 사랑채와 연결된 중문간채, 안채, 아래채, 곳간채와 우

보성 이진래고택

물이 보인다. 사랑채 마당이 훤출하다. 보통 보아온 마당보다 엄청 넓어 보인다. 주인 말인즉, 마당에 보기 좋게 잔디를 깔았는데 문화재관리처에서 옛집에는 잔디가 없었다며 다 걷으라고 했단다. 널찍한 마당은 추수하는 공간이었을 법하다. 다실이자 주방으로 쓰는 곳간채에서 안주인이 내려주는 원두커피를 마셨다. 스타벅스 로고가 새겨진 커피잔이 고택 주방에서 신식 티를 낸다. 옛집에서도 잘 어울린다. 차종부인 안주인이 고택과 가문, 집 관리, 숙박에 대해 찬찬하게 들려준다. 숙박도 생각보다 어렵고 일이 무척 많단다. 사는 이에게서 듣는 이런 말은 어떤 자료보다 값지다. 종택을 방문하고 종손이나 종부를 만나는 이유다.

사랑채 마당을 두른 담장에 난 사각 구멍이 수상하다. 이 구멍 밖에 마음씨 넓은 주인이 마을 사람에게 파 준 우물이 있다. 아낙들이 이야기꽃을 피워 소리샘이라고도 하고, 일설에는 마을 이야기를 듣는 소통창구였다고. 안주인이 그 시어머니에게서 들은 바로는 이 구멍으로 음식을 담은

이진래고택 안채

접시가 나가기도 했단다. 담장 구멍은 부잣집 음식도 나가고, 동네 민심도 들은 창구였던가 보다.

이정래 · 이진래 · 이준회고택은 국가민속문화재다. 집안 내력을 들어보니 더 윗세대로 올라가면 세 형제 집이 한 울타리 안에 있었다고. 이후 이진래고택을 중심으로 형제가 분가해 나뉘었고, 마을 초입 이정래고택은 주인이 두 번이나 바뀌는 등 고택만의 사정이 있다. 가옥 원 명칭도 이금재 · 이용욱 · 이식래가옥에서 현재 명칭으로 변경됐다. 문화재로 지정될 당시의 명칭이 제대로 맥을 찾아가는 과정으로 보인다.

이진래고택 앞 겨울나무 한 그루가 말간 연못 속에 거꾸로 잠겼다. 잎이 다 진 밑동 수령이 제법 돼 보인다. 보호수라든가 하는 안내판이 없어 궁금했다. 주인 말인즉, 보호수로 신청했으나 나무 둥치 둘레나 수령이

소리샘

구멍담

보호수가 되기에는 아직 이르기 때문이라고. 다다음 세대에나 가능할 거라는 답을 들었다며 안주인은 웃는다. 보호수 지정에도 합당한 기준이 있다는 걸 들으며 어서 보호수 이름표를 달게 되기를 기원한다.

명품고택을 보존하는 사명을 띤 후손들

이진래고택 실제 종부는 외지에 사는데 여든이 넘었단다. 현 안주인이 둘째 며느리인데 종부 역할을 대신하는 격이라고 귀띔한다. 그간 유서 깊은 마을을 꽤 방문했다. 대부분 고택에 살던 어른이 세상을 뜨면서 빈집으로 두거나 자손들이 들어와 산다. 비워 두면 삭아 허물어질 집에 온기를 지피는 수고를 누군가는 해야 할 일이다. 이 집에서도 사랑채 마당, 안채 차양 선반, 누각 마루, 정원 등 구석구석에 쏟은 손길을 본다.

이 집 부부는 고택이 갖는 의미나 가치도 모르고 어른들이 떠난 집을 20년간 비워 두었다. 고향으로 돌아온 지 10년, 사람 사는 집으로 회복하기까지 머슴처럼 일했다. 처음엔 별장처럼 쉬고 가는 공간으로 쓸 요량이었다. 명품고택이라는 타이틀도 별생각 없이 덜렁 달았다. 한데 명판도 그냥 달아주는 게 아니었다. 관계기관으로부터 숙박 독촉을 어지간히 받고서야 숙박객을 받기 시작했다. 단, 하루에 두 팀만 받는다는 규정을 스스로 정했다. 이는 고택다움을 지키려는 나름의 노력이었다.

지금은 명품고택으로 제법 알려져 손님도 꾸준히 찾는다. 아침 식사 여부를 물었다. 조식은 자가용 없이 대중교통으로 온 사람과 외국인에게만 제공한다. 단, 무상으로 해준다고. 그만의 특화된 마음 씀으로 이곳을 찾는 이는 선물받은 기분일 것이다. 그러나 한옥 숙박은 골치가 아플 만큼 힘들다며 속내를 털어놓는다.

안내판에 오른 '이진래고택' 이름 주인은 현 주인의 조부다. 가문의 14대손인 주인은 어릴 적에 머슴이 업고 학교에 갔을 정도로 귀한 자손이었다. 문패에는 '이용욱가옥'으로, 안내판에는 '이진래고택'인 점이 궁금하다. 원래는 '이용욱가옥'이었는데 어른 이름을 예사로 입에 올리는 게 싫더란다. 후에 고택 명을 이진만으로 신청했지만 최종으로 현재 이름을 달게 됐다는 설명이다. 선조로부터 물려받은 집을 명품고택으로 관리하고 보전하는 데 얽힌 사연이다.

춘백春栢이 연못에서 다시 피는 열화정悅話亭

마을 뒤 열화정으로 가는 길에 대숲이 짙푸르다. 마을 맨 끝집을 지날 때쯤 단아한 열화정이 언덕 담장 너머로 모습을 보인다. 이진래고택을 지은 이진만이 1845년에 후진 양성을 목적으로 지었다. 씨족 종회나 마을 모임 공간 역할도 했다. 이진만의 손자 이방회가 당대의 석학 이건창 등과 학문을 논했으며, 의병장 이관회 · 이양래 · 이웅래를 배출한 장소이기도 하다. 이곳도 국가민속문화재인 귀한 몸이다.

정자로는 마을 앞에 둔 열린 공간인 정자, 마을 뒤쪽에 세워 자연을 감상하고 학문을 닦은 정자가 있다. 열화정은 두 기능을 다 했던 것 같다. 절찬 방영 중인 드라마 〈옷소매 붉은 끝동〉을 종종 촬영한다는데 이날은 촬영이 없다. 마당 연지에는 연꽃 흔적마저 스러지고 누각 그림자만 일렁

사진 _ 강골마을 이정민

인다. 호젓한 누각에 올라 주변을 관망하니 담장 너머 대숲에 바람이 지나는 중이다. 옆으로 기우는 대나무에서 바람을 느낄 뿐, 고요한 연못처럼 사위도 잔잔하다.

열화정은 동백꽃이 질 때 가야 한다. 이곳 동백은 봄에 피는 춘백이다. 진 동백꽃이 열화정 그림자를 덮고, 누각 아래 연지로 후두둑 떨어져서는 연밭이 아닌 동백밭을 이룬다. 수면에 동동 뜬 동백꽃을 보려면 사월에 가라고, 한해간 강골마을 열화정을 찾은 이의 사진이 일러준다.

종택을 존재케 하고 맥을 잇는 중책을 띤 사람들은 그들 종가협회끼리 교류한다. 조상의 집을 보존, 관리하는 가업을 감당하는 이들의 교류는 얼마나 값진가. 또, 지체 높은 가문은 그에 걸맞은 반가와 혼인을 맺었다. 집성촌 종택에 가 보니 타 명문 종택과 맺어진 사례가 많았다. 전통의 맥이 그렇게 이어지고 있었다.

양벽정 연못에
수양버들 늘어지고

나주 도래마을

도래마을은 금방 돌아볼 것 같은데 뜻밖에 걸음이 더디다. 봄꽃 핀 정원을 둔 음전한 한옥을 엿보느라 발목을 잡힌다.

나주에 와서 보니 나주만이 가진 명칭이 있다. '나주목'이란 이름이 다소 생소하다. 나주목은 고려시대 나주지역 행정단위로 고려 성종이 983년에 지방제도를 정비하며 전국 요지에 12목牧을 설치했다. 호남에서 나주 승주 전주가 포함됐고 현종 때 8목으로 조정할 때도 승주와 전주가 빠지고 나주는 유지됐다.

나주목사내아 금학헌은 나주 목사의 살림집이었다. 이곳 마당 벚나무와 담벼락과 한몸이 된 벼락 맞은 고목 팽나무가 집을 한층 고풍스럽게 한다. 읍성 객사였던 금성관에서는 나주 역사를 새삼 보았다. 훤칠한 마당에 깔린 박석을 밟고 금성관으로 향하면 사방이 트인 후련함을 맛본다. 감히 종묘 앞을 걷는 데는 비할 수 없겠고, 의관 갖추고 입궐하는 길이 이

럴까 싶다.

금성관 후원 육백 살 넘은 은행나무도 놓치지 말자. 옛집은 허물어져 복원했다지만, 나무는 온전히 처음 그대로일 것이다. 수령이 묻어나는 이런 나무를 보면 사계절 모습을 보고 싶어 안달한다. 금성관 경내에서 범어사나 통도사 같은 내력 깊은 절에 있는 듯 걸음이 차분해진다.

나주곰탕거리가 그 앞이다. 속이 출출하면 인터넷으로 유명세를 탄 '나주곰탕 하얀집' 앞 길게 늘어선 사람들 꽁무니에 줄 서면 된다. 곰탕을 주문해 먹었던 이 집 앞에는 점심때가 되기 전부터 기다리는 줄이 꼬불꼬불 생겼다. 금성관 망화루에 올라 줄 선 이들을 보니 어느 여행지 맛집 앞을 보는 듯 흥미롭다. 나주는 아는 만큼 보이는 게 아니라 몰라도 보이는 것들이 있다.

정자와 고택이 옹골진 전봇대 없는 마을

성주 한개마을처럼, 도래마을도 전선을 매설했다. 하늘을 가로지른 전선이 없으니 하늘마저 여유롭다. 잘 정리한 마을 안내도가 마을 신뢰도를 높인다. 이곳뿐 아니라 문화재 해설 간판에는 가옥이나 고택이라는 명칭

이 혼재한다. 예전에는 그 집에 사는 사람 이름을 딴 'ㅇㅇㅇ가옥'이었고, 요즘은 그 집을 지은 이의 호를 붙여 'ㅇㅇ고택'으로 불린다. 관광안내서나 안내판에 이를 통일하지 않아 혼란스럽다.

문헌에 도래마을이 등장한 시기는 조선 세조 때다. 이후 중종 때 풍산홍씨 남평 입향조 홍한의가 기묘사화를 피해 은거하던 중 강화최씨와 혼인해 살면서 동족 마을이 되었다. 우리나라는 고구려 때부터 사위가 처가 뒤에 서옥을 지어 사는 풍습이 있었다. 처가살이는 조선 시대 전기까지 이어졌는데 사위 성씨 집성촌이 형성된 근원으로 본다.

양벽정

우남고택 우남당

영호정

도래마을 옛집

마을 터가 넓은 걸 보니 꽤 살았던 마을인가 보다. 이는 가구당 차지한 땅 면적이 그만큼 넓었다는 뜻. 계은고택(도래마을 종가), 우남고택(구 홍기헌 가옥), 홍기창 가옥 외 정철과 양사언이 머물렀던 양벽정, 인재 배출의 산실이며 마을 회의장인 영호정, 마을 뒤 주산봉 기슭에 세운 계은정…. 남평 현감이 지은 사학당인 도천(도래)학당 중에서 남은 한 곳이 영호정이다. 대과 문과에 11명, 사마시에 22명이 합격할 정도로 마을 학풍이 진작했다고. 한국전쟁 때는 마을주민이 합심해 영호정을 지켜냈다. 임진왜란과 정묘호란 때는 지역민이 대거 출정해 나라를 지킨 자긍심이 크다.

양벽정 앞 연못에 연둣빛 수양버들이 한창 늘어졌다. 봄물이 올라 푸들푸들 생기차다. 이런 정원을 앞에 둔 양벽정 2층 누각 대문채가 일본풍인가 하고 고개를 갸웃하며 대문을 들어서니 우리 옛것 냄새가 폴폴 풍긴다. 최초 건립연대가 1587년인 양벽정은 마루 천장을 건너지른 들보를 중심으로 서까래, 문살, 마루, 마당의 고목까지 어느 것 하나 현대 문물이 없다.

도래마을 중심 공간인 양벽정에서는 매년 1월 3일에 75세를 전후한 세대가 모여 합동 세배한다. 타 전통마을에서는 보기 드문 마을 기관지도 발행한다. 마을문집 〈도천동지〉는 600년간의 마을 기록이라는데 볼 수는 없었다.

우남고택 사랑채 우남당은 1790년대 중엽 건물이다. 사각기둥을 주춧돌 홈에 그대로 앉혔다. 돌이 기둥을 떠받치고, 그 기둥이 지붕을 받치고 끄떡없음이 놀랍다. 한낮 우남당 마당에 있을 때 닭이 목청 높여 울어 쌓는 줄도 몰랐다. 녹음해 온 해설을 들으니 닭 울음이 우렁차다. 낯선 손님을 의식해 그랬는가. 목이 잠기게 울어댄다.

도래마을에 와서 '내셔널트러스트 문화유산기금'에 대해 알았다. '도래마을 옛집'은 시민문화유산기금으로 보전한 집이다. 이는 방치된 한옥을 보존기금으로 매입해 관리하는 방식인데 시민문화유산이 된 집으로 최순우 옛집, 도래마을 옛집, 권진규 아틀리에가 있다.

계은 홍대식이 유유자적하던 계은정 마루에 앉으니 저 멀리 빛가람혁신도시 아파트 군락까지 보인다. 거대 문명 속에서 용케 버텨온 전통마을이 기특하고 귀하다.

대문을 열어놓은 집은 문을 연 마음이 고맙고, 봐야 할 고택에 자물쇠가 걸렸으면 헛걸음한 듯 서운하다. 사람이 사는 고택을 방문할 때 방문자 입장은 늘 조심스럽다. 이런 눈치를 해소하는 방편으로 터득한 게 주민에게 먼저 다가가 인사하는 것이다. 이는 초대받지 않은 손님의 태도이

기도 하고, 마을 이야기를 하나라도 더 들으려는 노력이기도 하다.

한옥은 지은 지 오래되면 손볼 데가 생기게 마련이다. 고택 본 모습을 보기 어려운 이유다. 도래마을 한옥들도 지은 지 썩 오래되지는 않았다. 그러나 정자를 몇 개나 보존해 전통마을로 일찌감치 인정받을 만하다.

목사고을 나주목사내아 금학헌과 금성관

나주목을 설치한 이후 천 년 가까이 300명이 넘는 목사가 거쳐 간 목사고을 나주. 나주는 거란이 침입했을 때 현종이 피난 와서 10여 일 머문 임시 왕도였다. 목사牧使란 지방 행정단위인 '목'에 파견했던 지방관이었다.

오백 살도 넘은 팽나무가 터줏대감인 목사내아는 검소한 선비가 살던 집처럼 소박하다. 마당엔 봄을 알리는 벚꽃이 한창 만발했다. 벚꽃 그늘 아래 벤치에 앉으면 그대로 봄 풍경 속으로 녹아든다. 그 옆, 벼락을 맞아 두 쪽이 나고도 회생한 팽나무 노목은 산신령이 있으면 그럴까 싶은 모습을 하고 있다. 안간힘으로 생의 희망을 부여잡았을 나무, 좌절하거나 절망한 이들이 와서 용기를 얻으면 좋겠다.

나주목 객사 금성관에서 나주 위상을 본다. 보물인 금성관은 세 채의 건물이 나란히 위풍당당하다. 정청인 금성관을 양쪽 동익헌과 서익헌이 받드는 격이다. 벽오헌碧梧軒 편액이 걸린 동익헌 널찍한 마루에 걸터앉으면 기둥 사이로 도시와 담장 안 정원이 눈에 들어온다. 신발을 벗고 올라도 된다는 걸 알았더라면 진즉 그리했을 것이다. 마루에 써놓은 안내 글

금성관과 벽오헌

목사내아 금학헌

을 보지 못했다. 마루에 올라서 보는 그림은 감흥이 사뭇 다를 테다.

금성관은 지방 궁실 역할을 했다. 중앙 사신이 오면 숙박도 했다. 전라도 관찰사가 고을을 순행할 때는 집무소로, 명성황후가 시해당했을 때는 분향소가 설치됐다. 조선 최대 객사답게 나주가 호남의 중심 역할을 한 든든한 기관이었다. 외삼문 망화루에 올라 중삼문 너머로 보이는 금성관과 넓은 주변 경관은 보고 있기에 지루함이 없다.

금성관 안내판에 '옛, 나주군청'이란 해설이 붙었다. 일제강점기 때는 군청 건물로 써 오다 원형이 파괴되어 완전 해체하고 복원한 이력이 있다. 광주민주화운동 당시 광주 진입이 불가해진 전남 각 지역 시위대가 이곳으로 집결했고, 후에는 시위대가 소지한 총기류를 이곳 군청 마당에 자진 반납하며 평화시위를 주도했다. 금성관은 나주의 정신이 오롯이 밴 나주의 긍지였다.

錦城樓觀甲湖南　금성의 누대는 호남에 으뜸인데
亂後荒墟草滿潭　난리 후에 폐허가 되고 풀이 연못에 가득하네
强壯幸逢金牧使　다행히 씩씩한 김 목사를 만나서
經營肯顧士民惔　경영함에 백성들을 편안하게 하려 하네
碧梧桐拂元峰雨　벽오동이 원봉에 치솟아 비가 내리고
銀杏簷連月井嵐　은행나무 처마가 월정에 이어져 이내가 깔리네
雖有一時時屈怨　비록 한때에 불평과 원망이 있다 해도
某年重建必遺談　모년에 중건한 일은 필시 남는 이야기가 되리

정사년 4월(1617년)에 김개 목사가 객사를 중건했다는 기록이다.

목사내아, 금성관, 나주곰탕거리는 옆옆이 자리했다. 고유명사처럼 불리는 나주배, 나주곰탕뿐 아니라 영산포 홍어거리, 구진포 장어거리도 구미를 당긴다. 나주를 들여다보니 역사와 문화가 융성한 고장이다.

금학헌 팽나무

고대 유적과 더불어 사는
방촌팔경의 마을

장흥
방촌마을

어느 지역에 갈 때 인접한 고장을 묶어서 가게 된다. 구례와 순천, 곡성과 담양, 장흥과 영암, 강진과 해남 식이다. 보성에 영암과 장흥을 묶어 방문하기로 한다. 열화정이 있는 강골마을을 먼저 들르고, 왕인박사의 구림마을을 거쳐 장흥 방촌으로 가는 일정이다.

장흥과 영암은 인접했다. 영암이 월출산의 고을이라면, 장흥엔 천관산이 버티고 있다. 관산읍 방촌마을을 두른 천관산 위용이 대단했다. 마을 앞 들녘 너머로 듬직하고 장엄한 천관산이 굽어본다. 여타 마을이 대개 아늑해 보였다면, 방촌마을은 천관산 영향인지 기상이 남달라 보인다.

마을 초입 작은 언덕에 지석묘 수십 기가 군집했다. 청동기시대 토착 집단이 살았던 흔적으로 보이는 지석묘가 곳곳에 남아 방촌의 역사를 더 듬게 한다. 장흥위씨 오헌고택, 존재고택, 죽헌고택, 판서공파 종택, 근암고택, 신와고택이 관산읍 방촌마을을 떠받친다.

마을 뜸 풍경을 읊은 방촌팔경이 흥미롭다. 구전하는 팔경에 풍류가 흐른다. 저녁밥 짓는 연기가 방촌의 주산 상잠산에 허리를 두른다는 상잠만하觴岑晚霞, 고깃배가 해 질 녘 황혼의 기운을 받고 만선으로 돌아온다는 금당귀범錦塘歸帆 등, 방촌에 밴 옛 흔적을 엿본다.

외항 선창을 두었던 옛 장흥 중심 텃골

장흥위씨 집성촌이며 장흥 대표 양반마을, 천관산이 앞산이고 고인돌과 더불어 사는 마을, 외항 선창을 둔 옛 장흥 중심 텃골. 지금은 외항 선창을 두었던 때가 무색하게 개화기 이전의 항구처럼 한적하다. 이곳은 통일신라와 고려 때 치소(통치기관)가 있던 곳이라 지역 중심이었음은 말할 것도 없다.

장흥위씨는 영조 때 실학자 존재 위백규 선생을 낳은 명문 가문이다. 1578년에 안항공 위덕후가 입촌했으니 입향조 격이다. 이후 그의 조카 병조참판 위정철이 들어오면서 세거지를 이루는 발판이 됐다. 일개 마을 문화사도 최초로 간행했다. 선사 유적과 전통가옥, 문화사가 마을 유래를 알린다.

위씨촌에서 처음 방문한 집이 근암고택이다. 현대식 대문에 보통의 시골집인데 입향조의 장자 위정훈이 지었다는 일설이 전한다. 고택을 기대한 눈에 들어온 현대화된 집이 성에 차지 않은데 환갑 전후로 보이는 주인을 만났다. 택시 운전을 하다가 귀향해 집 보전에 주력한단다. 사랑채 안채 할 것도 없이 안채만 덩그렇다. 안채는 대숲 앞에 있던 걸 헐어 앞쪽

근암고택

으로 내어 지었다. 텃밭으로 변한 집터도 명당이라서인가. 겨울 추위에도 배추 초록색이 푸릇하고 싱싱하다. 주인이 쌈 배추로 먹으라며 배추 두 포기를 선뜻 뽑아 준다. 이 근암고택은 중수하긴 했어도 방촌 고택 중 가장 오래된 가치로 봐야지 싶다.

마을 들머리에서부터 인심에 취했다. 추수 끝난 빈 들녘을 따라 걸으니 판서공파 종택이 반긴다. 이 종택은 판서공 덕화 이후 14대 종손까지 혈손으로만 대를 이어온 명당이라고. 담장 너머로 보는 사당은 300년 고옥이다. 전남에 뿌리를 둔 종택 중 가장 오래된 종택이라는데 대문이 잠겼다. 이런 게 방문객으로선 섭섭한 일이지만, 관리자는 허구한 날 대문을 열어 놓을 수도 없는 일일 게다.

어느 집 대문 앞에서 안채로 오르는 돌계단에 홀린 듯 멈춘다. 죽헌고택이다. 올라가 보고 싶은 계단 끝에 안채가 나오고 안채 마당에 난 샛문이 사랑채로 가는 통로다. 사랑채 높다란 마루에 앉으면 천관산이 눈앞이다. 마당에서 사랑채 처마를 올려다보다가 몸을 돌려가며 낮지도 높지도 않은 담 너머 향촌을 감상한다.

오헌고택은 들판 건너에 있다. 오헌고택 담장 너머로 다양한 정원수와 키 큰 목련을 보니 정원 풍경이 궁금하다. 집 앞 연못 주변 나무가 잎을 틔울 때쯤이면 목련도 벙글고 꿈속 같은 봄 풍경이 펼쳐지겠지. 오헌고택엔 오랫동안 식물을 심고 가꿔 파초 동백 엽란 선인장 영산홍 유자나무 같은 다채로운 나무가 정원에 가득하다는데 대문이 잠겼다. 해설사 요청도 없이 불시에 들른 탓이다. 간 날이 성탄절인데 목련이 망울을 맺었다. 삼월도 오기 전에 목련꽃이 주변을 밝히겠다. 작정하고 다시금 장흥에 가게 되면 오헌고택 정원을 꼭 보리라.

조선 후기 실학의 선구자 존재 위백규와 생가

마을을 방문하기 전에 지자체에 관광안내도를 요청한다. 대략 정보를 알고 가고자 함이다. 장흥 관광안내도도 다른 지자체처럼 전통과 역사보다 신문화 위주 소개다. 영화촬영지로 유명해진 마을은 있어도 백제시대부터 현존 역사가 전하는 방촌

죽헌고택 사랑채

오헌고택과 목련

마을은 없다. 장흥 9경에도 방촌마을은 빠져 있다. 그게 오히려 다행스럽다. 유명세를 타면 마을은 점점 관광화할 것이 눈에 보이듯 하기 때문이다.

마을 정체성을 대표하는 존재고택은 장흥위씨 웅천공파 종택이다. 다산보다 앞서 실학자의 삶을 산 위백규(1727~1798) 생가다. 그가 과거시험에서 번번이 떨어져 고향에서 농사짓고 살 때 현실 비판 의식이 형성됐다고들 본다. 그가 저술한 〈만언봉사萬言封事〉, 〈정현신보政絃新譜〉는 제도의 취지와 폐단을 설명하고 대책을 논한다. 사회 전 분야에 걸쳐 문제를 진단하고 처방을 내놓았다. 하여 학문이 높고 실학에 뛰어난 학자라는 명성이 서울에까지 자자했다. 이에 존재의 저작이 정조 임금에게 전달된다. 이때의 문집이 위백규가 편집하고 제책한 24권이었다.

존재 선생이 여유당與猶堂 정약용과 교류하던 백련사 혜장스님과도 교분이 깊었다는 사실을 접한다. 강진군 도암면 만덕사는 다산이 18년 귀양살이하는 동안 드나들었다는 절이다. 만덕사는 다산과 절친했던 혜장선사가 머물던 절로 백련사의 옛 이름, 위백규도 고향에서 멀지 않은 이곳을 자주 찾았다. 다산이 오기 이전이라 둘의 만남은 없었다는데 이들이 서로 교류했다면 어떤 후담이 전해올까.

위백규가 지은 시 '만덕사'가 당시를 승언한다.

존재고택

山茶花落綠莎綢 동백꽃 떨어져 푸른 잔디를 덮자
懶步金沙選勝遊 금모래 위 게으른 걸음으로 명승지 찾았네
一曲漁歌江日晩 한 곡조 뱃노래에 강 위 해가 저물자
忽然人上洞庭樓 사람들 홀연히 동정루洞庭樓에 오르네

존재고택은 지대가 높다. 천관산이 막힘없이 보인다. 저택일수록 마을 뒤쪽에 앉혀 앞을 내려봤다는 말이 여기서도 먹혀든다. 이 집에서 존재의 선조가 살았고, 존재가 태어났다. 대문을 들어서며 만나는 영이재는 선생이 서재로 쓰던 건물 그대로다. 1700년대에 지은 이 건축 현판이 '存齋'다. 이 멋스러운 글씨의 당호 편액은 그의 스승 윤봉구가 썼다고 전한다. 서재 기둥과 받침돌이 일체가 되어 건물을 단단히 떠받친다. 영이재는 존재 위백규가 과거에 낙방하고 고향을 지킬 때 정신을 깨어 있게 한 공간이었다.

'정조 20년에 장흥 천관산 자락에 은거하다시피 한 위백규를 발탁했으나 노병으로 오래 근무하지 못했다. 낙향해 72세에 세상을 떠났는데 이때가 정조 22년. 위백규가 세상을 뜨고 3년이 지난 1801년에 장흥에서 멀지 않은 강진으로 젊은 정약용이 귀양살이차 도착했다. 실학자 위백규의 학풍이 장흥·강진 일대에 퍼져 있을 때 다산의 유배살이가 시작된 건, 구체적 교류는 보이지 않으나 영향이 있었을 건 의심의 여지가 없다.' 이는 다산 연구의 권위자 박석무 선생의 말이다.

장흥은 한국 문학의 본향으로 불린다. '존재집' 22권을 남긴 존재 선생을 필두로 소설가 이청준 한승원 한강 송기숙이 장흥 태생 아닌가. 방촌

유물전시관에서 만난 이대흠 시인도 '창작과비평'으로 문단에 든 장흥에서도 유수한 작가였다. 이 시인이 '수필과비평'지를 안다고 해 뿌듯했다.

東山霽月동산재월　비가 갠 뒤에 동쪽에서 솟아오르는 달
觴岑晩霞상잠만하　상잠산에 띠 허리를 두르는 저녁밥 짓는 연기
桂洞春風계동춘풍　한겨울에 부는 훈훈한 바람
壺洞樵笛호동초적　풀꾼들이 풀 베어올 적에 부는 피리 소리
塔洞曉鐘탑동효종　절에서 나는 새벽 종소리
聖洞瀑布성동폭포　천관산 제일 높은 바위의 폭포
道谷歸雲도곡귀운　천관산 산허리로 감고 오는 안개구름
錦塘歸帆금당귀범　배가 황혼빛을 받으며 들어오는 광경

어떤 선비가 읊었는지 방촌팔경은 서정 가득한 8행 시다.

오헌정사

500년간 현청 소재지였던
유서 깊은 마을

제주
성읍마을

"성읍마을은 태종 10년(1410년) 성산읍 고성리에 설치되었던 정의현[1]청이 세종 5년(1423년)에 이곳으로 옮겨진 이래 500여 년 현청 소재지였던 유서 깊은 마을이다."

성읍마을 공식 홈페이지의 해설이다. 제주도 하면 뭐니해도 한라산과 올레길을 떠올린다. 이는 제주도를 구석구석 돌아보지 못한 얕은 견문에서일 수도 있다. 서귀포에 이런 민속마을이 있다는 걸 알고들 있을까. 몰랐다면 바다를 낀 옛 마을이 없을 뿐더러 제주도를 깊이 알지 못하기 때문일 것이다.

서귀포시 표선면 성읍민속마을을 코로나 시국임에도 취재를 명분 삼아 방문했다. 없는 듯 지내다 오자고 동행할 친구와 맘을 맞췄다. 성읍마을

1 제주특별자치도 서귀포시 동부 지역을 관할하던 옛 행정 구역

'서문집'에 이틀 숙박을 예약했다.

옛 마을을 방문하고 글을 쓸 때마다 확실치 않은 기억으로 답답할 때가 많다. 겉핥기로 보거나 진중하게 눈에 담지 않아 어슴푸레하게 기억되는 대상이 생기기 때문이다. 글의 내실을 위해 재방문하기도 한다.

성읍마을도 복습할 기회가 있다면 성곽을 걸어보고 싶다. 성곽 어디쯤에서 다리 뻗고 앉아 바람에 묻어오는 바다 냄새를 맡으며 졸음에 겨워도 좋겠다. 성내에서 이틀을 머물렀지만 뭔가 중한 걸 놓친 미련이 남는 이유가 뭘까. 딱히 잡히는 건 없지만 발길이 떨어지지 않는 그런 기분이다.

성안에서 보낸 이틀은 지루할 정도로 심심했다. 계획없이 여행을 즐기자고 한 목표를, 코로나 시국 성읍마을에서 이룬 셈이다. 아이러니하게도 성읍마을에 관광객이 끊기고 마을이 텅 비어 얻은 결과다. 그런 이유로 심심해서 싫었다는 게 아니라 주민처럼 소요하고 거닐 수 있어서 좋았다는 뜻이다.

풍채 사이로 보는 가장 제주다운 풍경

뭍사람은 제주도를 어떻게 연상할까. 한라산 올레길 흑돼지 바다 바람 귤 돌…, 저마다 다녀온 장소와 먹은 음식과 뇌리에 각인된 잔상을 떠올릴 것이다. 성읍에 다녀온 후로 제주도는 성읍마을과 동백꽃으로 기억된다. 제주도 도화는 참꽃이고, 도목은 녹나무인데 동백꽃이 골목마다 대문간마다 길섶마다 피어 바람 많은 제주도를 화사하게 만든다. 숙소 서문집 대문간에도, 현무암 집담을 따라서도 동백꽃이 몽실몽실 피었다. 그간 동백이라면 오동도나 지심도, 선운사를 떠올렸다. 본 만큼만 인식하는 좁은 견문 탓이었다.

성읍마을 홈페이지에서 소개한 숙박 가옥은 막은골집, 긴올레집, 퐁낭집, 아득골집, 남문집, 서문집 등이다. 그중 읍성 서문과 정의향교가 인근인 서문집을 택했다. 이들 가옥은 사람이 살지 않는 빈집이 대부분이다. 손님을 맞이하고 집을 관리하는 일은 성읍마을 관리소 소관이었다.

관리소 직원이 자전거를 타고 서문집을 안내했을 때 아연실색했다. '이를 우짜노?' 멍석 하나 펼 정도 크기의 마당에 '옛날 옛적에…' 하는 이야기에 나올 법한 손바닥만 한 초가 두 채가 덩그렇다. 미루에서 정살문까지는 엎어지면 닿을 거리다. 마당 디딤돌 다리팡돌도 몇 개 놓이지 않을 만큼 마루와 대문이 가깝다. 낭패다 싶어 동행한 친구 눈치를 살폈다. 성질 급한 친구는 관리인이 자물쇠 따 준 방에 어느새 들어갔다가 나오는 중이다. '야~ 좋다.'라며 얼굴이 환하다. 다행이다.

서문집

한옥 숙박은 여러 번 해봤다. 문화재인 고택에서도 일반 한옥에서도. 샤워실이나 화장실이 실내가 아닌 다른 공간에 있던 적이 대부분이었지 싶다. 이미 경험치가 있으니 더 실망할 일도 없다. 문제는 뭍에는 대부분 있는 대문이 없다는 점이다. 코로나 여파로 마을도 텅 비었는데 이게 영 미덥잖다. 미심쩍게 실내를 둘러보니 허름한 외관과는 달리 좁은 공간에 있을 건 다 있다. 샤워 시설에 화장실만 있어도 만족스럽다. 거기다 한지 바른 온화한 벽, 빛의 농도가 은은한 한지 조명, 창호지가 눈부신 방문과 샛문, 자연목 기둥을 보며 숙소 점수에 별점 다섯 개를 찍는다. 무엇보다도 청결한 실내가 맘에 든다. 걱정했던 방문도 이중문으로 문고리가 달렸다. 어스름한 달빛이야 창호지를 새어들면 어떠랴. 휑한 초가만 보고 성급하게 판단할 일이 아니었다. 숙소 관리가 이만하면 최상급이다.

새(억새)와 띠로 이은 제주 초가지붕은 낮다. 납작 엎드린 모양새다. 키 큰 사람은 머리가 처마에 닿을 정도다. 바람을 대비했을 테다. 지붕에서 돌출한 처마도 짧다. 꼰 줄로 처마 끝을 단단히 여몄다. 대신, 풍채라는 억새로 엮은 차양을 처마 끝에 덧댔다. 이는 골목 시선을 막는 가리개 역할을 했을 것 같다. 짧은 처마를 대신해 비를 가려주고, 따가운 볕도 차단했을 것이다. 친구와 방문을 열어 놓고 이 차양 사이로 바깥 풍경을 내다보곤 했다. 다리팡돌, 동백나무, 정살문, 현무암 담장과 골목까지 가장 제주다운 풍경을 풍채 사이로 보았다.

식당가에 문을 연 식당은 한라식당뿐. 뭘 먹을까 하고 입맛 다시며 상상하던 제주 음식을 선택할 여지도 없다. 흑돼지주물럭을 주문했다. 청년 여행객 혼자 점심을 먹던 중이다. 관광으로 먹고산다는 성읍마을은 한적하고 한산하다.

마을 곳곳을 다니거나 동백수목원에 다녀와서는 어둑발이 들기도 전에 방으로 들어앉았다. 해가 저물자 마을 사람이 집을 두고 피난을 떠난 듯 분위기가 휑했다. 역시 마을에는 사람이 북적거려야 사람 사는 맛이 나나 보다. 초가 모양 가로등이 불 밝힌 골목에 인기척이라곤 없다. 공항에서 내린 여행객은 다 어디로들 갔을까. 덕분인지 아닌지, 외지인으로 눈치 볼 일은 없다. 문고리를 겹으로 걸어 잠갔다.

샤워기에서 뜨거운 물이 나오지 않는다. 씻으려다가 이 무슨 낭패인가. 관리실에 불같이 전화했다. 잠시 후 남자 서넛이 긴급출동하듯 들이닥친다. 민망하게 잠옷 바람에 마스크팩까지 덮어쓰고 있던 차. 남자들은 '실례합니다'라는 말도 없이 자기네 안방인 양 방으로 들어선다. 관광객이 뚝 끊긴 마을에서 이틀이나 묵을 사람이 불편하다니, 맘이 급했던가 보다. 반추할수록 재미난 에피소드다. 찬물만 나온 까닭은 보일러기기 동작 미숙 때문이었다. 서비스를 부른 사람이 창피해진 순간이다.

펜션과 달리 초가집은 화재 위험이 있어 주방 도구가 없다. 아침에 허락받아 냄비를 빌리고 가져온 누룽지를 끓여 먹었다. 제주도 2박 3일간 사서 먹은 밥은 고작 두 끼. 한라식당과 남원포구 한 식당에서 먹은 돼지고기다. 덕분에 경비는 쓴 게 별로 없다. 나라 전체가 아슬아슬 외줄 타기 하듯 코로나 고개를 넘는 중이다.

한봉일고택과 동문

근민헌과 팽나무

이 유서 깊은 마을 서문집에서 보낸 이틀 밤은 안락했다. 순한 한지 창이 아슴한 그림자로 사람의 상처까지 쓰다듬는다고 한 한옥 예찬 글이 떠오른 시간이었다.

고을 관아가 있던 정의현 구석구석

성읍마을엔 동문 서문 남문이 있고, 동문과 남문 문루에서 마을을 관망할 수 있다. 지방관이 임금에게 배례를 올리고 중앙 관리가 올 때 숙소로 쓴 객사, 지방교육기관인 정의향교, 정의현감이 정사를 보던 동헌인 근민헌, 천연기념물 느티나무와 팽나무, 민가 고평오 · 고창환 · 한봉일고택과 객줏집, 대장간집 등이 보존돼 있다. 제주도만의 민속과 토속문화와 주거 양식을 볼 수 있으며 마을을 에두른 1,200m 성곽이 대표 유산인 성읍마을이다.

〈탐라순력도〉는 제주도의 문화와 행사를 묘사한 기록 화첩이다. 1702년 제주 목사 이형상이 제주도 고을을 순찰하는 내용과 행사 장면 등을 담았다. 당시 제주도 실태, 풍속 등 정의현의 번성을 증명한다. 이 중 감귤봉진 편 화첩에는 어떤 감귤이 얼마나 진상됐는지, 감귤 포장 방법과 봉진 절차까지 상세히 기록됐다. 이 기록을 보면 조선 시대 제주에서 봉진한 감귤 종류만 해도 열 가지를 넘었다. 감자 금귤 유감 동정귤 산귤 청귤 유자 등.

성읍마을 초가는 다 고만고만하다. 규모가 크다거나 오막살이 같다거나 하는 차이가 없다. 공통점이라면 한 마당을 끼고 유사한 형태의 집이

고평오고택

마주 보거나 옆으로 배치된 점이다. 이는 두 집 살림의 흔적이다. 제주도에서는 자식이 결혼하면 주로 집 안에서 분가하는 경우가 많았다. 대문이 가까운 밖거리(바깥채)에는 자식 부부가, 안쪽 안거리(안채)에는 부모가 살았다. 숙소 서문집 초가 두 채도 그런 양식으로 보인다. 골목 올레에서 마당을 지나 섬돌까지 이어지는 다리팡돌이 집마다 놓였다. 이 돌다리는 외부와 집을 구분 짓는 역할도 했다. 스쳐가는 관광객이었다면 사진만 찍었을 제주 문물이다.

설 연휴 직전인데 초가지붕 이엉을 이는 작업이 한창이다. 일부는 텃밭에서 '새'라는 키 크고 마른 풀을 베고 있다. 이엉으로 쓸 재료로 벼농사를 짓는 육지와 달리 억새를 쓰는 게 제주 초가의 특징이다.

우람한 둥치가 눈길을 끄는 나무 군락은 '느티나무와 팽나무 군'이다. 한눈에도 어마한 수령이 느껴지는 나무들이 정의현감 집무소 근민헌을 호위하듯 늘어섰다. 자라지 않고 쇠퇴해가는 건축물과 달리 나무는 자라며 점점 위용을 드러낸다. 나무가 자라면서 집을 지킨다. 천연기념물인 이들 느티나무와 팽나무도 정의현 역사만큼 유구한 세월을 머금었으리. 이들 나무 앞에서 성읍마을에 깃든 세월을 본다.

500년 현청 마을에 머무는 동안 외부인을 거의 보지 못했다. 마을에서 만난 관광객이라곤 아이 둘 딸린 일가족뿐. 마을을 돌다가 구경차 들어간 민가에서 집주인을 만났다. 그는 제주 토박이가 아니라 외지에서 들어와 사는 사람이라고 했다. 많은 기념품 가게와 특산품 판매점, 체험장이나 식당, 상가는 문을 닫았다. 하다못해 커피나 간식도 사 먹을 데가 없다. 그러나 성읍마을은 을씨년스럽지 않다. 기나긴 시간 풍상을 버텨온 것처럼, 지금도 묵묵히 그곳을 지키며 그곳이 되어가는 중이다.

아침에 동문루에 오르니 성곽을 든든한 울 삼은 초가지붕 위로 동살이 뻗친다. 마을이 이룬 현재에 눈이 부시다.

5

청송 덕천마을

대구 옻골마을

청도 신지리 고택 마을

안동 군자마을

고성 왕곡마을

99칸 만석꾼의 집, 송소고장松韶古莊

청송
덕천마을

푸른 솔의 고장 청송은 '산소카페 청송군'이라는 홍보 문구를 내걸었다. 실제 청송엔 유네스코 세계지질공원 명소만 해도 수두룩하다. 협곡 · 폭포 · 주상절리 · 얼음골 · 칼데라 · 주산지 · 계곡 · 약수탕…, 하나같이 청정한 지역이다. 이 외 소헌공원, 보광사, 수정사, 후송당, 성천댁, 평산신씨판사공파종택 분가고택, 청송향교, 진보향교, 장전리 향나무 등 문화재가 산재했다.

청송심씨의 본향 덕천리, 덕천마을 송소고택은 경주 최부잣집과 사돈간이다. 대문 현판 명칭은 송소고장松韶古莊, 조선 영조 때 만석의 부를 누린 청송심씨 심처대의 7세손 송소 심호택이 1880년경 건축한 99칸 가옥이다. 마을엔 송정고택, 창실고택, 초전댁, 청송심씨 찰방공종택 등 고택이 있다. 마을 앞 덕천 다리를 지나 동산에 오르면 내를 따라 길게 앉은 마을 전경을 볼 수 있다.

마을에 하나 있는 식당 '심부자 밥상'에서 허기를 채우고 한옥 카페 '백일홍'에서 여행자의 여유도 누려보자. 송소고택과 담장 하나를 사이에 둔 카페 정원에서 홍시 주스를 마시는 거다. 청송에 부는 산소 바람은 덤이다.

'눈 떠보니 청송이네'라는, 후원에 걸린 이 문구처럼 청송에 있음을 실감할 터.

250여 년 만석의 부를 누린 송소고장松韶古莊

덕천마을은 이중환의 택리지에 심촌沈村이라고 할 만큼 청송심씨 본향으로 알려졌다. 송소고택은 조선 시대 12대 만석꾼인 경주 최부자와 함께 만석의 부를 누렸다. 영남의 대부호로 한때 전국에 명성을 떨친 청송 심 부자가 살던 집이다.

송소고택 서부해당화

식당 심부자 밥상이 반갑다. 송소고택에서 운영한다. 시래깃국에 생선, 두부조림, 깔끔한 밑반찬으로 밥을 먹고 고택으로 향하는 걸음이 느긋하다. 길가에 작약이 함초롬히 꽃망울을 매달았다. 마을에 오기 전에 고택 주인에게 한옥과 꽃이 어우러지는 시기를 물었다. 작약이 필 때가 좋으니 오월 초에 맞춰 오란다. 이때를 염두에 두고 기다리다가 성급해져 달려간 게 오월을 한 주 앞둔 날이다.

밀양 위양지 이팝나무 개화는 어린이날, 화엄사 흑매 개화는 삼월 중순, 송소고택 작약꽃은 오월 초란 걸 확연히 새긴다. 물론, 해마다 기온에 따라 차이는 날 것이다. 장차 또 올지 안 올지는 모르는 일, 다시 오게 된다면 작약 철을 맞추어 와야겠다.

송소고택

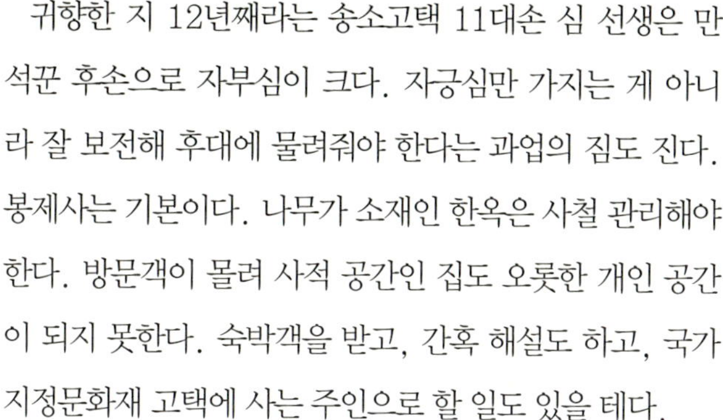

귀향한 지 12년째라는 송소고택 11대손 심 선생은 만석꾼 후손으로 자부심이 크다. 자긍심만 가지는 게 아니라 잘 보전해 후대에 물려줘야 한다는 과업의 짐도 진다. 봉제사는 기본이다. 나무가 소재인 한옥은 사철 관리해야 한다. 방문객이 몰려 사적 공간인 집도 오롯한 개인 공간이 되지 못한다. 숙박객을 받고, 간혹 해설도 하고, 국가지정문화재 고택에 사는 주인으로 할 일도 있을 테다.

대문채 사무실에 있던 심 선생에게 방문 목적을 말하니 단박에 신발을 신고 나선다. 헛담 옆 여러 회초가 생기 찬 화단으로 향한다. 오월이 코앞인 화단엔 모란과 작약 꽃망울이 터질 듯 부풀었다. 한 주 후면 한옥 정경이 화사하겠다. 꽃 중의 왕이라는 모란꽃이 아닌가. 좋아하는 모란꽃 감상은 다음으로 미룬다.

헛담이 큰사랑채 앞마당과 대문 사이를 가로막았다. 헛담은 대문에서 안쪽이 보이지 않게 하려는 용도로 담장 아닌 담장이다. 내외벽이라고도 하는 이 헛담에 대한 설명이 이어진다. 매원마을 내외의 공간을 구분한 샛담과 이곳 헛담은 불편한 마주침을 피하게 했던 용도였다.

이 집은 고종 때 그의 증조부 심호택이 지었다. 당시 만석꾼이 아니면 99칸을 지을 능력이 못 되었다. 99칸 이상은 지을 수도 없었다. 그러나 부자들은 그 이상도 지을 여력이 됐다. 조선 시대 건축 법규인 가사家舍 규제 제한을

송소고택

일부 세력가에서 위반하는 사례도 빈번했다. 결국, 궁궐 건축을 제외한 일반 민가에는 99간(간間 또는 칸)까지만 허용한다는 99간 허용설이 생겼다. 요즘으로 치면 건축 규제였던 셈이다.

후원엔 대나무가 울울창창하다. 별채 뒷문 밖이 온통 대나무 숲이다. 긴 담장이 뒤뜰과 대나무숲을 널찍하니 둘러쳤다. 대지가 삼천 평에 집을 두른 담장만 칠백 미터란다. 초가집이던 머슴집 등이 허물어지고 현재 92간 정도가 실존한다.

솟을대문 현판이 송소고택이 아닌 송소고장이다. 장莊은 백범 김구 선생 사저였던 경교장, 이승만 대통령이 거주했던 이화장처럼, 일반 주택 이상의 집에 붙이는 명칭이라고. 현존하는 99칸 가옥으로 송소고택, 강릉 선교장, 당대 최고의 목수가 지었다는 보은 선병국가옥이라 설명한다.

고택을 문화재로 등록할 당시에 '청송 심부자집'으로 신청했다. 막상 나온 간판은 증조부 호를 딴 '송소고장'이었다. 이 현판을 도둑맞았다. 다시 신청하는 과정에서 '송소고택'으로 나오는 등, 고택과 고장 사이에 얽힌 사연도 들려준다. 현판뿐 아니라 기왓장 등을 도둑맞은 횟수가 50여 회란다. 칠곡 매원마을 어느 고택도 문을 도둑맞고 새로 달아 조화가 깨진 걸 봤다. 전통문화와 유산을 관리하는 애로점이었다. 심보 얄궂은 별난 도둑도 있구나 싶다.

99칸은 큰사랑 작은사랑 안채 별당 방앗간 쌀창고 행랑채 초가 머슴채 등으로 구성됐다. 어느 대문에 서서 보면 저쪽 건물 대문까지 몇 개의 문이 직선으로 이어진다. 송소고장의 특색이다. 하나의 대문 안에 다른 대문이 있고, 그 대문 속으로 또 다른 대문이 보인다. 사랑채 대청마루 사이로 보는 앞마당이 화사한 봄 액자다. 특히, 별채 뒷문 밖 대나무숲에 빨갛고 노란 칸나꽃이 피어 눈부신 포토존이 된다.

송소고택은 장자의 집, 송정고택은 차남의 집이다. 만석꾼의 집 종가는 문중의 우산 역할을 해야 했다. 재산의 70~80 프로를 물려받지만 잘해야 하는 건 기본이고 못하면 뭇매로 돌아온다고. 전통을 잇는 고택마다 후손의 숨은 노력을 본다. 송소고택 심 선생도 칠곡 매원 종택 종손처럼 종가를 지키는 일에 심혈을 쏟는 모습이다.

초전댁은 ㅁ자형 구조로 하늘도 네모 조각이다. 이 작은 하늘에 홀려 주인 없는 안채 대청에 앉았다. 당시 실생활을 고려한 집 구조에 감탄한다. 송소 심호택의 동생이 송소고택에서 분가하면서 지은 창실고택까지, 골목이 품은 고택을 만나고 나오니 갈 길이 멀다.

세종대왕의 비 소헌왕후 심 씨의 보광사

소헌공원과 보광사는 청송심씨 관련 장소다. 세종대왕 비妃 소헌왕후 심 씨 시호를 딴 소헌공원에는 청송심씨 시조 제각 찬경루와 객사 운봉관이 있다. 보광사는 녹음 짙은 따뜻한 골짝에 들어앉았다. 소헌왕후(1395~1446)의 시조묘를 수호하는 사찰이다. 극락전은 세종 11년에 만세루와 함께 창건했다. 현재 복원 중이라 천막으로 가렸다. 문화재 고택이나 사찰을 수리하는 데가 너무 많아 볼 걸 못 보는 현실이다. 바야흐로 문화재 시대가 도래했는가 싶다. 원 상태, 본모습을 온전하게 보지 못하고 돌아설 때가 많다.

극락전 앞 만세루는 소헌왕후의 시조 심홍부 묘 재각이다. 왕후와 연관되어서인가. 만세루는 늠름하고 중후하다. 올라보고 싶은데 오르는 계단을 막아 놓았다. 시조 묘소도 절 인근에 있음을 안내석이 알린다. 청송에서 청송심씨는 박힌 돌 같은 존재였다.

지질공원 명소 달기약수터에서 물을 길어왔다. 그 약수로 밥하니 밥이 불그무레하다. 찰밥인 듯 차져 매번 죽밥이다. 이 물로 끓인 삼계탕은 유달리 부드럽다. 약수터 주변에 삼계탕집이 널린 이유를 알겠다. 약수가 철분 성분임을 잊은 탓에 냄비가 바닥마다 부식했다. 다 청송을 다녀온 산물이려니 여기는 수밖에.

덕천마을 카페 백일홍에서 먹은 연홍빛 홍시 주스는 달콤함의 극치다. 홍시 하나를 통째 간 듯 색이 선명하고 곱다. 태국에서 수박 주스 땡모반

보광사 만세루

을 먹은 후로 한동안 땡모반이 당기더니 덕천마을을 다녀온 후로는 홍시 주스가 아른거린다.

고색창연한 느티나무 비보림과 백불고택

대구
옻골마을

역사가 깃든 마을에서 종택이나 종가 후손을 대면하지 못하면 못내 허전하다. 시공간을 흘러온 민속 정서는 현시대에도 마음에 안정을 준다. 마을에서 내리 살아온 본토인에게서 토속 말투로 듣는 선조와 가문과 마을 이야기는 흥미진진하다. 각 종가의 내력이 대부분 한국 역사와 얽혀 있음도 생생하게 듣게 된다.

옻골마을에 두 번 방문했다. 처음 간 때가 가을이 깊은 11월 중순, 두 번째는 녹음이 짙은 5월 중순이다. 11월엔 마을 입구 비보림 단풍이 고색창연했다. 무성한 가지에 달린 낱낱의 잎이 가을 색으로 퇴색한 느티나무는 황혼의 시절 속에 있는 듯 했다. 다시 간 오월엔 싱그러움이 절정이다. 백 년 후에도 나무가 살아있다면 얼마나 아름진 옹이박이가 돼 있을까. 혹여 마을은 탈바꿈할지라도 나무는 후세까지 산 전설이 되면 좋겠다.

마을을 눈부시게 밝히던 선홍빛 감나무, 동계정 마당에 노랗게 물든 은행나무, 보수 중인 백불고택 대문간…. 지난번 본 가을 풍경을 선연히 기억한다. 대문간 보수는 말끔하게 마무리됐다. 지금은 사당을 해체보수하는 중이다. 백불고택 종손을 만나고 종부도 만나 다시 간 걸음이 흡족하다.

비보림 느티나무가 지키는 옻골

옻골마을은 경주최씨 최동집이 1616년에 입향하며 형성됐다. 봉긋 솟은 산세를 울 삼아 터 잡았는가. 마을 뒤로 팔공산자락 끝이라는 대암이 봉긋 솟았다. 입향조 최동집이 봉우리 이름을 짓고 자신 호도 대암으로 지었다고 종손이 설명한다.

대구 시내에서 골짝 옻골마을까지 버스가 띄엄띄엄 다닌다. 이 버스노

선 정보를 알지 못해 마을에서 2km 전쯤 정류장에서 내렸다. 친구와 함께하는 여행에서는 느닷없는 만남도 에피소드가 되는 법. 마을까지 걸어가는 길에 일하러 가는 노인이 합류하고, 옻골마을 입구 일터로 간다는 남자가 동행한다.

주민은 자기네 고장을 찾아온 여행자에게 친절하다. 오랜 마을을 탐방하며 터득한 지혜가 있다. 현지인을 만나면 먼저 살갑게 인사를 건네는 것이다. 이들이 객에게 길을 안내하고 볼거리를 알려준다. 현지에 와서 여행 경로를 바꾸는 경우도 왕왕 생기는 이유다.

대구시 동구 둔산동 양지바른 골을 따라 비스듬히 자리한 옻골마을. 경주최씨들이 사는 이 마을에 1630년에 지은 백불고택이 있다. 백불고택을 중심으로 20여 채 한옥이 일가를 이루고 옹기종기 살아간다.

옻골마을에 들어서면 느티나무와 회화나무가 격하게 반긴다. 보통 당산목이나 마을 보호수 수령을 보면 마을 역사가 읽힌다. 이들 수령을 보니 마을에 갖는 기대치가 높아진다. 고택과 노거수 조합은 공식처럼 잘 어울린다. 삼백 년 생이 넘은 느티나무와 회화나무는 옻골마을에 동승해

동계정

함께 역사가 되어가는 중이다.

화전고택을 만나고, 최흥원 정려각, 동계정, 수구당, 백불고택으로 이어진다. 화전고택은 마을 입향조 최동집의 12대손 최인영의 생가다. 일명 최동집나무로 불리는 회화나무 위용을 감상하기에 좋은 자리다. 가을에 해체보수 중이던 동계정도 말끔하게 정돈됐다. 한적한 동계정에 우윳빛 불두화가 담벼락에 기대어 소복소복 피었다. 청초한 꽃을 보니 바야흐로 불두화 개화 시기인가 싶다. 샛노란 잎을 나부끼던 동계정 은행나무엔 초록 잎이 청청하다.

경주최씨 종가 백불고택 14대손을 만나고

백불암 최흥원이 제자들과 강학하던 수구당(동산서원)을 지나 백불고택에 이른다. 백불고택은 경주최씨 입향조의 종가로 옻골마을의 중심이다. 가을 방문 때 보수 중이라 어수선하더니 말끔하다. '백불고택' 현판이 걸린 큰사랑채 마루에 앉았다. 마루에 한번 앉아 보지도 못하고 돌아가서는 후회한 적이 많다. 한옥은 계절마다 표정이 변한다. 그래서 사계절을 다 봐야 한다. 화단에 지난가을에 못 본 작약꽃이 피었다.

백불고택 안채는 조그만 마당과 공간을 차지한 첫인상이 따뜻했다. 전혀 낯섦 없이 푸근했다. 여섯 달 만에 설레며 대문 문지방을 넘어서는데 대청에서 두런두런 담소하는 소리가 들린다. 주저주저 인사하고 방문 목적을 말하니 선뜻 커피를 마시겠냐고 묻는다. 한 치 망설임 없이 동행한 세 여자는 섬돌로 올랐다. 앞집 민박집 주인이 커피믹스를 타 온다. 나중에 꼭 숙박하러 오라는 말도 덧붙인다.

백불고택 안채

백불고택 사랑채

보본당

백불고택 종손

역시, 어른으로 뵈던 이가 종손이다. 친구는 한술 뜬다. 어쩐지 어르신 얼굴이 종손 같으시다고. 차탁을 앞에 두고 종손과 앉아 녹음기부터 켰다. 조용하고 나직한 목소리로 말문을 연다. 종택 종손이 하는 말은 그대로 가문과 종가의 기록이라 집중해서 듣는다. 열린 대청 문으로 대암 봉우리가 보인다. 시선을 내리면 후원에 빨갛게 핀 작약꽃이 눈에 든다. 잘 정돈된 한옥을 보는 이는 흐뭇하지만, 살면서 구석구석을 살피는 일이 수월치 않을 것이다.

작년에 공사가 많았다고 한다. 재실도 1887년에 해체 보수한 이후 133년 만에 하는 보수라고. 나무 기둥을 흰개미가 파먹고 숭숭 뚫어 못 쓰게 만들었단다. 이런 얘기도 처음 듣는다. 현재는 사당을 해체보수하

는 중이다. 상방 이야기가 솔깃하다. 상방에는 신혼부부가 지냈는데 종손도 그곳에서 태어났다고 말한다. 안채의 대청 고방이 부엌 살림에 꽤 쓸모 있어 보인다. 널찍하고 통풍도 잘 되겠다.

가문에 특별히 벼슬한 선조는 없다. 한데 불천위가 두 분이란다. 그 말인즉, 종손이 지내는 불천위 제사가 두 개라는 뜻이다. 불천위로 모시는 분이 한 분도 드문 일인데 두 분이라니 집안 위상을 알 만하다. 불천위 제사란 큰 공훈이 있는 이를 영원히 사당에 모시도록 나라에서 허락하여 지내는 제사가 아닌가. 효종의 사부며 옻골 입향조로 종손의 14대조가 되는 대암 할아버지가 그 처음이고, 순조 세자 사부였던 9대조 백불 현조가 두 번째다. 이 불천위를 모시는 집이 종가며, 종가를 잇는 사람이 종손이라고 짚어 준다.

녹음이 잘 되고 있는가 확인하며 귀 기울인다. 종손의 책무는 문중을 대표하고, 재산을 관리해야 한다. 제사 관리를 잇기 위해서는 진취적이지 못하고 모범을 보일 수가 없다고. 진취적이면 안 되고 모범을 보일 수가 없다는 말을 곱씹어 본다. 잘해 볼 거라고 나서서도 안 되고, 원리대로 법칙대로 한다고 다 되는 일도 아니라는 말로 알아듣는다. 반면, 잘하면 대접받고 추앙받는 자리란다. 자긍심도 주는 자리이지만 어렵고 어려운 게 종손 자리라는 결론에 다다른다. 종가 종손은 자나 깨나 선대가 살던 집을 관리하고 보전해 후대에 물려주는 일이 최우선 과업인 성싶다.

종손은 직장 생활하던 때인 쉰쯤에 부친이 편찮아 귀향했다. 듣고 보니 그간 방문했던 칠곡 매원 박곡 종가, 경주 양동 무첨당이 다 이곳 종손 집안과 연결된다. 박곡은 종손 고조모의 친정이며, 무첨당은 종손할머니 친정이고, 현 종부의 친정이 퇴계 종가라고. 매원마을 박곡 종손 어머니의 친정이 퇴계 종가라고 했었다. 박곡, 무첨당, 퇴계까지… 격 있는 가문끼리 사돈 간으로 엮인 가문 가계도가 놀라울 따름이다.

최동집나무라 불리는 회화나무, 화전고택, 백불암 최흥원을 기리는 최흥원정려각, 최흥원의 아들 최주진을 기리는 동계정, 백불암이 제자를 가르친 수구당, 대한민국 임시정부 시절 독립운동 자금책으로 활동하다 옥고를 치른 백불암 6대손 최종응이 살던 금전고택 등. 경주최씨 집성촌인 옻골마을은 백불암 최흥원 후손으로 이루어진 마을이다. 마을 앞동산 전망대에 올라서 보니 골짜기를 따라 앉은 마을 정경이 한눈에 보인다. 비스듬히 앉은 마을 맨 뒤쪽에 백불고택이 자리했다. 재력이 있거나 유세 있는 가문일수록 마을 뒤 높은 지대에 지은 걸 여기서도 본다.

종손과 대화하던 중에 외출에서 돌아온 종부를 만났다. 인상이 무던해 보인다. 종부란 나를 내려놓고 가문을 위해 헌신해야 하는 자리가 아닌가. 대청에 앉은 손님을 보더니 숨돌릴 새도 없이 새큼달큼 시원한 오미자차를 내온다. 손님을 챙기는 마음새가 몸에 밴 듯 재바르다. 가문을 함께 받드는 내외 심성인 듯 차가 맑고 붉다.

올지 안 올지도 모르는 가을 숙박을 약속하며 서둘러 고택을 나선다. 시내로 나가는 동구3번 버스 시간이 다 됐다고 종손이 알려준 때문이다. 버스가 옻골에서 시내로 달리는 동안, 한 사람도 타는 이 없고 내리지도 않는다. 자가용버스나 다름없다며 친구들과 낄낄대며 여정의 재미를 누린다.

어떤 여행이든 변수가 생긴다. 그 변수는 대부분 예정한 내용보다 알차다. 옻골마을 방문이 그 일례다. 대도시 대구에 옻골마을 같은 전통마을이 있음이 반갑다. 멀지 않은 곳에 달성 남평문씨 세거지 인흥마을도 덤으로 방문했다. 유월 중순 인흥마을에는 능소화가 최절정이다. 능소화꽃이 긴 담장을 따라 간드러지게 피어 담벼락을 장식한다. 꽃피는 철을 맞추어 왔

는데 최상의 대접이다. 몰랐거나 못 봤던 전통마을을 만나는 보람이 이런 것이기도 하다.

동창천변 섶마리와
임당리 내시의 집

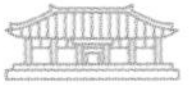

청도
신지리 고택 마을

천년고찰 비구니 교육 도량 운문사가 있어서인가. 청도에서는 비구니 스님을 쉬 본다. '새마을휴게소' 명칭도 새마을운동 발상지 청도에 있다. 곰티재터널을 전후로 산동산서로 나뉘는 청도, 금천면 신지리는 수량이 풍부한 강이 흐르고 들이 넓다. 이런 지역에는 큰 부자나 명문가가 있기 마련이라고 역사학자는 말한다.

이곳에 밀양박씨 집성촌 신지리 고택 마을이 있다. 동창천 섶다리가 있던 언덕에 있어 섶마리로 불렸다. 편도 1차선 도로가 마을 중심을 관통한다. 밀양과 경주를 잇는 이 길이 없었더라면 조용한 전통마을다웠을까. 찻길 양쪽으로 이어지는 담장과 기와집을 보고야 목적지에 왔음을 안다. 오순도순한 집성 촌락이 도로가 나면서 양편으로 갈린 형국이다.

이웃한 임당리에서는 특별한 고택을 만났다. 내시가 살던 운림고택이다. 금천면 임당리는 조선 중기부터 내시 가문이 살던 지역이다. 이 집에서 나온 가계 문서에 2세부터 16세까지 이름, 관직, 부인의 본관, 산소 위치까지 기록됐다. 유래를 들어보지 못한 기록이고 흔적이다. 평야와 동창천을 낀 신지리에서 어릴 적부터 들어온 밀양박씨 가문을 만나 반갑다.

밀양박씨 박하담이 정착한 섶마리, 신지1리

찻길을 사이에 두고 기와 마을이 이어진다. 도로가 난 자리도 처음엔 집터였을 것 같다. 실제로 일부 고택 사랑채는 도로 확장 때 헐렸다고 한다. 반듯한 마을이 반으로 나눠진 느낌이랄까. 옛집의 가치나 보존보다 도로 역할을 우선한 결과이지 싶다.

신지리마을은 밀양박씨 소요당 박하담으로부터 비롯된 마을이다. 조선 중기 성리학자인 박하담이 소요당을 짓고 후학을 양성한 터에 후손이 정착했다. 이 집이 운강고택이다. 운강 선생은 재산 200석을 투자해 후학 양성에 주력했는데 고종 때는 근대 장학제도의 근간이 된 강학소절목講學小節目을 마련해 교육기관의 틀을 다진 인물이다.

마을 대표 고택인 운강고택과 부속 건물 만화정을 비롯해 운남 · 도일 · 명중 · 섬암고택 등, 운강의 아들과 형제와 손자가 살던 집이 마을 축을 이룬다. 밀양박씨 후손들이다.

꽤 넓은 대지에 9동 88칸 건물로 이루어진 운강 저택 대문을 들어서면 넓고 반듯한 네모 마당을 마주한다. 이 사랑채 마당에서 타작도 하고 수확한 곡식을 말렸을 것이다. 큰사랑 작은사랑 행랑 창고가 마당을 중앙에

두고 사방향으로 앉았다. 이곳 큰 사랑채 나무 층계에 눈이 혹한다. 마루 앞 칸칸마다 튼직한 나무 층계를 놓아 마루를 오르내림에 불편함을 없앴다. 둥치가 얼마나 컸던가 나뭇결이 선명하다. 집안 어른을 배려한 층계인데 닳았지만 묵직하니 가문의 위상이 보이는 듯하다.

작은 방문 앞에 덧댄 눈썹마루도 꼬마의 지정 좌석인 양 깜찍하다. 초등학교 다닐 때 앉았던 나무 걸상 질감이다. 건물 사이 공간을 메운, 길상 문양 화문장 담이 무채색 한옥을 장식한 포인트 벽지 같다. 안채 안방엔 제 역할 따라 무던히 여닫았을 각기 다른 격자무늬 문이 높낮이가 다르게 달렸다. 사람이 살지 않으니 문은 무한 휴식에 들었다. 옛 한옥에서는 여자들 공간인 후원을 챙겨봐야 한다. 안채 뒤 정원을 은밀한

공간으로 가꾸었을 옛 여인들 실루엣이 상상 속에서 오간다. 이 집엔 친정붙이가 왔을 때 머물렀다는 집 뒤쪽 공간이 특별하다. 남자 화장실 앞 화려한 장식도 칙칙함을 상쇄하려 한 주인의 높은 안목일 게다. 저택을 지은 부호답게 집을 꾸미고 공들인 흔적이 곳곳에 남아 당시 재력을 엿보게 한다.

동창천 금천교 옆, 절벽 위 만화정은 녹음에 에워싸였다. 지붕만 보인다. 만화정은 박하담의 12대손이며 좌승지에 오른 운강 박시묵이 1856년에 노년을 보내려고 지은 살림집이고 강학 장소였다. 넘실대는 강물을 굽어보며 후학을 가르치고 벗과 교류했을 주인은 없고 집만 홀로 삭아간다. 나무에 잎이 지고 앙상해지면 시야도 훤히 트이겠다. 한국전쟁 때 이승만 대통령이 피난민 격려차 왔을 때 숙식한 장소라고 주민이 알려준다.

숲에 가린 만화정은 세상을 벗어난 듯 호젓하다. 물소리가 들릴 듯 말

만화정

듯 고요하다. 작년에 들렀을 때 누각에 오르면 삐걱대고 부서질 듯 위태로워 보여 오르지 못하고 정자 툇마루에만 앉았다. 함양 화림계곡 거연정의 청정함도, 보성 강골마을 열화정의 소슬함도 좋지만, 낡은 정취가 묻어있는 만화정도 손꼽는 정자로 자리매김했다. 그땐 대들보가 내려앉았다더니 지금은 철재 구조물이 설치됐다. 누각에 접근할 수 없으니 이 또한 난감한 일이라 그 앞을 서성이다 돌아선다.

그 앞 노거수 몇 그루도 동시대를 보냈나 보다. 튼실한 둥치가 그래 보인다. 8월이면 그 나무 아래는 맥문동 보라색 꽃밭이 된다. 늦가을쯤에는 만화정 누각에서 단풍 사이로 동창천을 굽어볼 수 있을까. 그것이 기약 없을지라도.

마을 중심 운강 자손의 집과 임당리 내시의 집

운남고택은 운강 박시묵의 셋째아들이 짓고 살았다. 썩 크지 않지만 규모가 잘 갖춰진 집이다. 주인 없는 집 마당에 여름 햇살이 내리쬐고 풀이 마당을 새파랗게 덮었다. 사랑마당 끝쯤, 열린 중문을 지나 안마당까지 볕이 들어 그런지 내버려 둔 집은 아닌 듯하다.

운강의 둘째아들 박재소가 분가하며 지은 섬암고택은 좀 다르다. 담장 안으로 보이는 집이 어째 좀 어수선하다. 주인이 잠시 들렀는지 대문 앞엔 자동차 한 대가 전기 충전 중이다. 이 집 사랑채는 도로를 확장할 때 철거되었다. 이도 집의 운명이라고 치부하며 안타까움을 달랜다. 이 섬암고택과 운남고택 사이로 찻길이 지난다. 형제가 옆옆이 집을 지어 분가했는데 그 사이로 길이 난 걸까. 찻길이 없었더라면 집을 온전하게 보존

운림고택

하고 형제간 왕래도 수월치 않았을까.

도일고택은 운강의 동생 박기묵이 합천군수로 재직하던 1899년에 지어 합천군수댁으로 불렸다. 기척 없는 집 정원에 석류꽃이 저 혼자 빨갛게 피었다.

이들 고택에 후손이 입주해 사는 집은 없다. 주말마다 관리하러 다녀가는 등, 문화해설사도 주인을 만나기 어렵다고 방문객을 위로한다. 첫 방문 때 해설사가 동행해 운강고택과 만화정을 돌아본 거로 만족한다.

신지리에서 몇 킬로 떨어진 임당리 운림고택은 내시의 집이다. 국내에서 유례를 찾아볼 수 없는 내시 계부의 고택으로 조선 시대 궁중 내시로 정3품에 올랐던 운림 김일준이 살았다. 내시부內侍府 통정김일준가세계通政金馹俊家世系에 임진왜란 전부터 400여 년간 16대까지 내시로 봉직한 기록이 남아 있다. 내시들이 대대로 살았다는 집이다. 내시 퇴임 후엔 낙향

운림고택 사랑채와 안채 대문

해 머물다가 사망하면 이 지역에 묘를 썼다. 자료에 따르면 마을 뒤 재궁산, 중솔산 등에 이들 묘가 산재해 있다고 한다.

내시도 아내를 맞아들이고, 양자를 들였다. 어린 양자를 교육해 궁중으로 보내서 내시 생활을 하게 했다. 이런 가계의 아내들은 친정 부모가 사망할 때만 바깥출입이 허용되는 등 외부와 철저히 단절하고 살았다. 운림고택은 사랑채 앉음새가 일반 주택과 다르다. 남자의 공간인 사랑채와 여자 공간인 안채를 구분하는 보통 양반 주택 양식과 달리, 이곳 사랑채는 안채 출입구가 보이게 배치했다. 내시라는 특성이 만든 구조가 아닌가 싶다. 그리 여겨서일까. 안채 작은 마당을 가운데 두고 둘러앉은 건축 형태가 막힌 듯 갑갑한 감이 든다.

내시의 공간에서 일반인과 차별된 그들 생을 잠깐이나마 유추해 보았다. 궁중 내시라는 말 외엔 생각해 본 적 없는 그들 생. 보통 사람과는 다른 고뇌를 짊어지고 살았을 내시와 그 가족으로 엮인 이들 삶을 엿본 공간이다.

신지리 섶말에서 단번에 눈에 띄는 나무를 만났다. 잎이 무성할 때 봐야 그 진가를 알 수 있다. 마을 삼거리 지붕 낮은 슈퍼마켓 앞 플라타너스다. 두 나무가 쌍둥이처럼 반원형 초가 모양으로 잎을 소복이 피웠다. 초록의 싱싱함이 절정인 그 모양이 어찌나 소담하던지. 작년에 왔을 때부터 맘에 두었던 나무다.

이 나무가 간판까지 가린 허름한 단층 슬라브 슈퍼로 들어갔다. 부러 팥 맛 하드를 사고 주인을 만났다. 슈퍼 주인도 역시 밀양박씨다. 버즘나

무를 찬양하자 나무 유래를 설명한다. 서른 몇 해 전에 인근 경산에서 가로수 묘목을 얻어 와 심고 정성으로 관리한다고. 그러면 그렇지. 그냥 길가에서 자라는 나무가 아니었다. 수형을 돌본 결과였다. 이 나무 아래 놓인 나무 평상에 앉아서 오가는 차를 구경하며 하드를 먹었다. 잎이 워낙 우거져 나뭇가지 사이로 뙤약볕 한 줄기 스밀 틈이 없다.

나무를 베지 말고 잘 보살펴 지켜달라고, 가을 풍경을 보러 다시 오마고. 기약도 없는 약속을 남기고 돌아선다.

군자가 아닌 사람이 없던 수몰 마을

안동
군자마을

드디어 군자마을에 왔다. '옛것과 함께 살아가기' 마무리 편으로 점찍어 둔 마을이다. 안동댐에 수몰된 예안 광산김씨의 외내마을이 안쓰러웠던 데다, 그 파는 달라도 내 본관이 광산光山이라는 공통분모를 굳이 엮었다. 어머니 본관인 거창신씨 황산마을에 이어 아버지 본관인 광산김씨 마을을 넣게 돼 다행이다.

안동 예안면 오천동 외내마을은 광산김씨 김효로(1454~1534)가 정착하면서 형성됐다. 안동댐이 들어서게 되자 1974년에 현 위치로 이주했다. 이 과정에서 오랜 가옥과 정자 등을 광산김씨 문중의 힘으로 옮겼다고 한다. 문중을 지키고 보존하려는 후손들의 애정과 한마음이 가상하다.

하회마을에서 만난 한 노인이 군자마을을 일컬어 말하는 투가 마뜩잖았다. 그곳이 하회마을처럼 대를 이어온 터가 아니라 조성한 마을이라는 뉘앙스로 들렸다. 선조가 이룬 마을을 물속에 묻은 이들 심정은 어땠을까. 〈나의 문화유산답사기〉를 쓴 유홍준 교수의 글에서처럼, 새로 이룬 군자마을은 여느 전통마을보다 고졸하고 반듯했다. 조성한 마을이라고 방문 목록에서 제외했던 맘을 돌린 것도 그의 글을 읽고나서다.

> "일곱 채의 사랑채는 마치 고가古家 모델하우스 같기도 하고, 멋쟁이 사랑채 경연장 같기도 하다. 거기에는 두 칸짜리 작은 방에 툇마루를 돌린 아담한 집이 있는가 하면, 여덟 칸 마루에 여덟 칸 방을 앉힌 대갓집도 있고, 큰 제청祭廳을 동반한 종갓집 가옥도 있다. 집집마다 저마다의 특징과 표정이 있고, 취하는 바 아름다움의 뜻이 제각기 다르니 그 미묘한 차이를 읽어내면 한옥의 아름다움을 재발견하게 된다."
>
> —유홍준, 『나의 문화유산답사기』 3권, '하회, 예안' 편

후조당 사랑채

광산김씨 예안파 종갓집 후조당

"〈禮安誌〉에 「君子里 在縣南五里 印烏川里 里人金富弼 金富仁 金富儀 金富論 皆遊退溪門 道義德行 著一時 文穆公鄭逑嘗曰 烏川一里無非君子 後人因以名之…」라 하여, 君子마을은 현(縣 禮安) 남쪽 五리 곧 「외내」로 마을 사람 김부인, 김부필, 김부신, 김부의, 김부륜이 모두 퇴계退溪 문인으로, 도의와 덕행으로 한때 알려져, 정한강鄭寒岡이 이르기를, 「외내 한 마을은 모두 군자」라고 했는데, 이래서 뒷사람들이 「군자마을」이라 했다고 전한다."(안동시청 자료)

외내마을을 군자마을로 이주하며 대종택을 해체했다. 이때 가문의 자료가 쏟아졌다. 대종택 대들보와 지붕 사이 공간에서 나온 입향조의 증조부부터 시작되는 500년에 걸친 고문서와 고서다. 교지, 호구단자, 토지문서, 분재기, 혼서 등. 보물로 지정된 이들 유물은 마을 숭원각에 보존돼 있다. 이런 사실을 알고 나면 마을을 대하는 걸음도 보는 시각도 달라진다.

안동에서 도산서원 방면 35번 국도를 달리다 오른쪽 산자락에 숨은 듯 기와지붕이 보이는 마을을 보고 차에서 급히 내렸다. 거기가 목적지인 줄도 모르고 카메라 렌즈를 줌으로 당겨 셔터를 연신 눌렀다. 알고 보니 보루로 남겨두었던 군자마을이다.

마을에 들어서니 원래부터 있었던 마을인 듯 평온하다. 유홍준이 언급한 '사랑채 고가 품평회'라는 말을 실감한다. 군자리에는 탁청정 · 탁청정

종택 · 후조당 · 후조당 종택 · 재사와 사당 · 읍청정 · 침락정 · 설월당 · 양정당 · 낙운정 등. 건축물만 보더라도 고가 품평회란 말이 나올 법하다. 이들은 저마다의 고졸한 건축미로 마을 격을 높인다.

원 외내마을 입향조 농수 김효로에서 아들 운암雲巖 김연과 탁청정濯清亭 김수 형제로 갈린다. 현재 마을은 김연의 아들 김부필의 후조당 구역과 김수의 탁청정 구역으로 나뉜다. 후조당은 후조당과 종택 사랑채(안채는 시내로 이전)와 읍청정으로, 탁청정은 후손이 사는 종택과 탁청정, 낙운정 등으로 구성됐다.

탁청정 아들 산남 김부인, 양정당 김부신, 설월당 김부륜과 함께 후조당 김부필, 읍청정 김부의, 일휴당 금응협, 면진재 금응훈이 오천 칠 군자로 불렸다. 이들 모두 김효로의 친손과 외손으로 퇴계의 제자였다. 이들 중 중심인물은 후조당 김부필이다. '후조당'은 김효로의 옛집으로 광산 김씨 예안파 종갓집이다. 현판 글씨가 퇴계 이황의 친필이라니 후조당과 퇴계의 친밀도가 가늠된다.

군자마을 전경을 훑어보고 나면 길게 경사진 돌계단이 눈에 든다. 후조당 대종택 사랑채로 가는 계단이다. 이 계단을 오르다 보면 카메라에 손이 가고 포즈를 취하게 된다. 수수하고 다소곳한 대문 앞에서 사진을 찍고 들어서는 게 순서다. 돌계단 옆으로 토석담과 한옥이 어우러진 풍광이 그리 만든다. 후조당 안채는 시내로 이전해 사랑채만 현존한다. 사는 이가 없더라도 긴 세월 주인 생과 함께한 안채와 사랑채가 떨어진 건 섭섭한 일이다. 이런 수몰 후유증은 후손이 떠안은 아픔일 것이다. 후조당 툇마루에 얼른 걸앉아 본다. 눈에 드는 거라곤 앞산과 내와 앞집 지붕과 용마루다. 아침 볕살이 산마루에서 길게 뻗치면 마을에 드리운 안개도 걷히고 마을은 먼 전설 속에서 돌아오듯 기척을 내겠지. 이곳에서 하룻밤 자고 새벽 적요 속에서 깨어나는 마을을 보고 싶다. 수몰로 선조가 다진 삶의 터전을 떠나왔지만, 마을은 벌써 이곳에 정착한 눈치다. 저마다 자리 잡은 터가 원래 제집인 듯 편안해 보이지만 본래 있던 터만 하랴.

"우리나라의 한옥이 현대주택으로 발전하는 과정에서 왜 우리는 이 후조당 같은 건물을 좀 더 면밀히 분석하고 여기에 착안하지 못했던가 하는 아쉬운 마음 달랠 길 없다." 마을을 보고 나면 유홍준 교수가 쓴 이 회심의 글에 공감하게 된다. 단아하고 고풍을 간직한 조그만 마을을 이룬 내용은 넘칠 만큼 공골차다. 겨울에 보고 싶은 마을 목록에 올려둔다.

이황 이현보 정구 류성룡 김성일이 교유한 탁청정

'탁청정'은 종택 부속 정자다. 중종 36년(1541)에 건립했다. 탁청정 김수 주변에는 항시 사람이 끊었다고 한다. 호탕한 성격처럼 화통하게 트인 정자 마루에서 이황 이현보 정구 류성룡 김성일과 어울렸을 것이다. 그중에서도 이황과 이현보와는 각별한 사이였다. 자신의 아들 넷을 이황 문하에서 배우게 할 정도였다. 한석봉이 썼다는 '탁청정' 현판 각 잡힌 글씨가 주인 성격인 듯 힘있다.

이현보가 쓴 '탁청정에 차운함'이란 시가 그들 인연을 들춘다.

> 섬돌 바로 아래는 못이고 못 위는 정자인데
> 난간에 봄이 오니 시원도 하다
> 둘러친 개울 골짜기 맞대어 앞산을 끼고

처마는 넓고 하늘은 낮아 북두성이 기울었다
마루에 가득한 술손님 취하게 하고
정자 곁에 활 과녁을 설치하여 이웃을 모아 겨루었다
다행히 내가 늙어 물러나 한가로우니
언제든 부르면 가서 그 신선한 맛을 나눌까 하네

탁청정이 죽자 이황이 그의 묘지명을 썼다. 두 사람의 관계가 한속 같고 끈끈했던가 보다.

군자리에 오면 후조당과 탁청정을 봐야 한다. 후조당 대종택 사랑채와 읍청성, 대송택 앞쪽 얌전한 설월당, 탁청정과 그 아래 낙운정, 마주 보는 반월형 문이 예쁜 침락정, 또 산남정…. 칠 군자 호를 딴 각각의 내력이 깃든 의연한 정자를 대면하며 흐뭇할 것이다.

탁청정공파 종택

추석 연휴에 마을은 한적하다. 종가를 찾는 친지도 있을 테고, 명절을 쇠려고 숙박객을 받지 않아서일 것이다. 명절이라 방문이 혹 불편할까 걱정했다. 덕분에 종택 사랑채며 정자를 여유롭게 둘러보고 마을을 소요했다.

한옥 숙박은 샤워 시설과 화장실 사용이 불편한 면도 있다. 문화재이거나 보존 마을이라 개조할 수 없는 여건 때문이다. 겨울엔 웃풍이 차다. 그러나 하룻밤 자고 나면 그런 불편함은 간데없고 느긋한 충만감으로 푸근해진다. 후조당 별채나 사랑채에서 적막 속에 밤을 보낼 때 밤새 싸락눈이라도 쌓일까. 상상만으로 설렌다.

탁청정

읍청정

설월당

침락정

다섯 봉우리가 감싼
북방식 전통마을

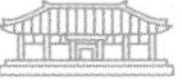

고성(강원도) 왕곡마을

부산에서 강원도 고성까지 430km, 자동차로 대여섯 시간이 걸리는 거리다. 지도에 보면 대한민국 최북단에 뾰족 솟은 지역이다. 이곳 왕곡마을을 맘에 둔 채 전통마을 연재를 끝냈다. 결국, '수필과비평' 연재가 끝나고 이곳을 찾았다.

왕곡마을은 동해안 송지호를 끼고 겹겹이 야산에 둘러싸였다. 골무산 호근산과 제공산 진방산 오음산이 마을을 감싸고, 마을 북쪽 오음산에서 마을 중심부로 흐르는 왕곡천을 사이로 촌락이 형성됐다. 두백산이 마을 뒤로 보기 좋게 솟았는데 다섯 봉우리에는 들지 못했다. 집과 집 사이 작은 텃밭이 담장을 대신하고 더러 집과 집 사이를 경계 짓는다. 마을을 걷다 보면 바깥세상 바람은 닿지 않을 듯 안퐁한 지대임을 알 수 있다.

이곳은 북방식 전통마을, 국가민속문화재로 지정된 마을이다. 부엌에 외양간을 들여 추위에서 가축을 챙긴 전형적인 양통집 구조다.

왕곡마을을 오가는 길에, 인제 용대리 황태덕장 가는 길에, 설산의 기개인 듯 골골이 골격을 드러낸 설악산 줄기를 따라 달리며 겨울 강원도를 만끽한다.

부엌에 외양간을 덧붙인 난방 위주 주택

강원도 고성군 오봉리 왕곡마을에는 양근함씨가 산다. 14세기, 양근함씨 함부열이 이성계의 조선 건국에 반대하고 낙향해 은거한 게 뿌리내린 시초다. 후에 그의 손자 함영근이 왕곡마을에 정착하며 동성 촌락 터전이 됐다. 고려 말에서 조선 초 이래 양근함씨 세거지에 강릉최씨가 입향하며

두 성씨가 집성촌을 이루었다.

마을 생성 시기의 집은 환경에 따라 더러 변화도 있었을 것이다. 그런 중에도 북방식 가옥 양식 원형을 잘 보존해 마을이 국가민속문화재로 지정됐다. 여말선초의 정치 격동기를 피해 은거한 골이라 원형이 온전하게 유지됐을 것 같다.

1월 중순 그곳은 딴 세상이다. 마을은 하얀 눈에 덮여 기척이 없다. 향토정서 물씬한 촌락에 눈이 소복이 내린 정경은 아득한 향수를 부추긴다. 눈이 내리지 않았더라면 마을에 드리운 아늑함이 좀 덜했을까. 어쨌든 이 전통마을을 만나려고 먼길 온 건 잘한 일이다.

마을 옆쪽으로 당도했을 때 나온 첫마디가 '우와'다. 산도 들도 마을도

하얗다. 눈이 집의 경계를 지우고 골목을 지워 마을이 통째로 들어온다. 부신 눈으로 시야를 찬찬히 더듬자 밤눈이 밝아지듯 각각의 집이 눈에 띈다. 마을 윤곽도 조금씩 드러난다.

골목에 들어서니 보존회 사무실이 있는 삼거리다. 제법 폭이 넓은 왕곡천이 마을 중심을 통과하고 이 개천을 따라 기다랗게 집이 분포했다. 골목을 낀 조그만 텃밭마다 눈이 쌓여 제 구역을 만들었다. 눈이 녹고 언 흙이 녹으면 골목과 집 사이 공간을 차지한 텃밭에는 채소가 파릇파릇 자랄 테지.

어느 집 앞에서 눈이 번쩍 띈다. 세상에, 이게 얼마 만에 보는 건가. 우리나라 최고 높은 지대에 자리한 고장답다. 어릴 적 고향집에서 본 고드름이 초가 처마에 줄줄이 매달렸지 않은가. 초가집 처마 끝에, 기와지붕 처마에 팔 길이의 고드름이 주렁주렁 달렸다. 영하의 기온에도 순도 높은 볕을 받은 고드름이 녹아 똑똑 떨어진다. 투명한 고드름이 몸을 녹이며 반질거린다. 눈 밟은 흔적 없는 마당은 화선지가 된다. 눈밭에 겨울 나뭇가지가 새까맣게 가지를 쳤다. 해와 나무와 눈이 만든 합작이다.

'고성 함정균가옥' 지나 디딜방아를 지나고, 영화 '동주'를 찍은 '큰상나말집', 그 뒷집 '함희석 효자각'을 지나 왕곡한과를 파는 집으로 가는 길. 길 끝에 이르니 한과는 팔지 않았다. 되돌아 내려오는 길에 끝내 눈밭에 퍼질러 앉는다. 그러고 싶어서 마음이 근질거리던 차다. 이를 텃밭 주인이 물끄러미 구경한다.

보존회 사무실에 들러 안내를 부탁했다.

마을은 산봉우리 다섯 개가 감쌌다. 양근함씨 마을로 그 본은 경기도 양평이며 양근은 양평의 옛 지명이라는 것, 입향조 격인 함부열이 공양왕 신하로 이성계의 조선 개국에 반대하며 낙향한 게 뿌리가 됐고, 그 둘째 손자가 자리 잡으며 형성됐고, 풍수지리적 길지 중의 길지로 한국전쟁 때 포탄이 날아와도 불발탄으로 피해가 없었으며 근래 발생한 고성지역 대형 산불 때도 마을은 화를 입지 않았다는 것, 삼팔선 이북 땅으로 수복한 지역이며, 난방 위주 주택으로 안채에 외양간과 부엌을 함께 두었다는 것, 대문이 없어 자유 왕래할 수 있으며 부엌문이 대문 역할이라는 것….

부엌과 외양간을 같이 둔 현장을 봤으면 했다. 주거지역이라서 곤란하다는 답이 돌아온다. 방문객에게 그곳 주거 양식을 보여주는 일도 보존회에서 할 일이 아닌가 하고 아쉽다.

아랫마을 저만치로 눈 덮인 지붕 위 굴뚝에서 연기가 피어오른다. 그러고 보니 마을 굴뚝이 특이하다. 작은 탑처럼 촘촘하게 쌓아 올린 굴뚝 끝에 항아리가 얹혔다. 그냥 장식이겠거니 했다. 초가에 불이 붙는 위험을 방지하고, 열을 안으로 가두는 양득의 효과가 있다.

부엌은 못 봤지만, 집마다 대문이 없어 집을 둘러보기가 수월하다. 보통 한옥은 대문을 들어서며 처음 만나는 게 사랑채다. 사랑채를 지나 안채 동이 나오는데 이곳은 사랑채니 안채니 하는 구분이 없다. 안채 건물에 안방 도장방 사랑방 마루 부엌을 나란히 배치했다. 안채에 덧대어 낸 조그만 지붕이 집마다 특이하다. 이 마을 대부분 집의 구조가 ㄱ자 형태

인 이유다. 이 덧댄 지붕 구역이 부엌에 딸린 외양간이다.

외양간을 부엌으로 들여 가축을 추위로부터 보호했다. 가축을 가족처럼 여긴 농경사회에서 생겨난 지혜였다. 부엌문이 대문이고 출입문이다. 뒷마당도 부엌을 통해서만 출입한다. 뒷마당은 여자들 사생활 공간으로 보통 양반집 후원과 유사하다.

기와집이건 초가집이건 안채에 덧대어 낸 작은 공간, 부엌에 덧붙인 가축우리는 처음 보는 구조다. 북방식이라는 자체로 고유한 가치를 지닌다.

마을 뒤 철탑이 솟은 봉우리가 두백산이다. 주산인가 했더니 주산은 그 옆 오음산이란다. 이 두백산 정상에서 보는 전망에 가슴이 다 후련하다. 쉬엄쉬엄 반 시간쯤 걸어 정상에 오르면 왕곡마을과 그 앞 송지호와 인접

한 동해까지, 마을이 위치한 일대 지리가 한눈에 보인다. 마을 앞 송지호 전망대에서 보는 골짜기 속 마을보다 뒷산에서 내려다보는 전망이 훨씬 가슴 트이고 시원하다.

용대리 황태덕장 가는 길과 설악산 능선

왕곡마을에서 용대리 황태덕장으로 가는 길. 설악산을 굽이굽이 따라간다. 골골이 눈이 쌓인 설악 줄기에서 산의 위용과 자태를 본다. 명태 떼가 꾸들꾸들 말라가는 장관을 보러 가는 길에 설산이 내내 함께한다.

영하 10도 속 덕장 명태는 꽁꽁 얼었다. 온 마을이 황태로 생계를 이어가는 듯, 식당마다 가게마다 황태 일색이다. 명태 덕장에서 풍기는 냄새는 욱한 비린내가 아니다. 생태가 황태로 숙성되어 가며 발산하는 저 깊은 짠 바다 내음이다. 서민들 식탁에 부담없이 오르는 생선인 명태가 황태로 말라가는 그곳에서 어머니의 부엌이 떠오른다. 어릴 적, 맛도 모르고 먹었던 밍밍한 명탯국과 냄새가 일순 되살아난다.

아가미를 하늘로 벌린 채 얼녹으며 수분을 증발하는 명태. 덕장을 떠올리면 그곳에 감돌던 명태 냄새부터 난다. 사 온 명태 대가리를 우려서 그 물로 국을 끓이고 떡국을 끓인다. 이 명태 대가리를 다 우려먹을 때까지 설원의 강원도를 지우지 못할 것이다.

강원도를 제대로 느끼려면 눈이 내린 계절에 가야 한다. 녹음 우거진 여름도 좋고 단풍 물 번진 가을 산야도 좋겠지만, 눈 내린 설악산 줄기와 능선이 앙상한 뼈대를 드러내고 이어지는, 남녘에서는 볼 수 없는 장내한 풍경을 봐야 한다. 고성을 떠나는 길에 들른, 미시령옛길 울산바위가 눈앞에 펼쳐진 핫플레이스 카페 전망은 믿기지 않은 현실 속 황홀경이다. 세상에 이런 전망도 있구나 하고 눈을 비비고 다시 본 설경이다.

왕곡마을을 끝으로 긴 여정의 전통마을 탐방을 마무리한다.

울산바위

송지호

부록

고성(경남) 학동마을
달성 인흥마을
순천 낙안읍성
안동 하회마을
영덕 괴시리마을
영암 구림마을
전주한옥마을

고성(경남)
학동마을

하일면 학림리 학동마을은 전주최씨가 일가를 이룬 마을이다.

마을 담장이 특이하다. 담을 쌓은 돌이 일반 담장 돌과는 사뭇 다르다. 마치 구들장 돌을 쌓은 것 같다. 마을 뒷산에서 난 널판 같은 판돌로 차곡차곡 쌓은 모양이 혹자는 시루떡 같다고도 한다.

마을엔 학림리 최씨 종가, 고성 최필간고택 등 전통가옥이 보인다. 최씨 종가 안채도 납작한 돌로 축담과 돌담을 쌓고 그 위에 집과 사당을 올렸다. 이 역시 일반 가옥과는 다른 양식이자 특징이다. 최씨 종가에 들르니 12대손이라는 어른이 밭에 콩을 심고 있다. 사당을 둔 가문의 후손답

게 후덕하고 인자함이 배어난다. 순조 9년(1809)에 세운 최필간 고택에서는 한옥 숙박을 친다.

작은 마을은 금방 돌아 나오는데 흔치 않은 담장과 축담을 본 것으로도 족하나.

달성
인흥마을

달성군 화원읍 인흥3길(본리리) 인흥마을은 남평문씨 동족 마을이다. 기와집을 두른 담장마다 능소화가 늘어졌다. 나팔꽃을 닮고 나리꽃도 닮은 능소화가 여름 따가운 볕에 처절하도록 꽃을 벙근다. 마을 건축 연대는 200년 안쪽이지만 주변 경관이 보통 이상이다. 능소화 꽃 무더기를 볼 거면 유월 중순 아침이 좋겠다. 이슬 머금은 함초롬한 꽃을 보려는 발길도 덜 북적일 것이다.

남평문씨 중시조는 고려말에 중국에서 목화씨를 가져온 충선공 문익점

(1329~1398)이다. 문익점 18세손인 인산재仁山齋 문경호(1812~1874)가 1840년을 전후해 현 세거지에 터를 잡았다. 인산재의 증손자인 수봉은 후손들이 학문을 연마할 수 있도록 옛 재실을 헐어 광거당廣居堂을 지었다. 그 안에 선현들의 서책을 모아 문씨 집안 문고인 만권당을 열었다. 광거당은 문중 자제들을 교육했던 공간, 이곳 마당에 서면 금강송이 내뿜는 푸른 기운에 정신이 맑아진다.

인흥마을에 갈 거면 능소화 피는 계절을 추천한다.

순천
낙안읍성

낙안읍성은 동문(낙풍루) 객사 동헌 내아 낙민루가 볼거리며, 성내에 주민이 거주하는 살아있는 민속마을이다. 마을 골목뿐 아니라 마을을 두른 성곽을 걸어보고, 초가마을을 두른 산세와 산수를 봐야 읍성을 봤다고 할 수 있다. 봉곳봉곳한 초가에 눈이 내린 겨울이면 겨울대로 정겹고, 수양버들 늘어지고 벚꽃과 동백꽃이 어우러진 봄은 봄대로 싱그럽다. 낙안읍성에 가면 제주 성읍마을처럼 초가집의 아늑함 속에서 어느새 편안해진다. 조선 시대 계획도시가 현대에 녹아들었다.

안동
하회마을

하회마을은 풍산류씨가 600여 년간 대를 이어온 한국의 대표적인 동성마을이다. 특히, 조선 시대 대 유학자인 겸암 류운룡이 태어났으며, 임진왜란 때 영의정을 지낸 서애 류성룡 사액 서원인 병산서원으로 유명하다. 마을은 병산서원과 화천서원, 양진당과 충효당, 옥연정사와 겸암정사, 만송정 숲, 징비록, 하회탈과 병산탈 등, 국보와 보물과 문화재와 민속자료의 보고다.

부용대를 끼고 걷는 마을 외곽 숲길이 쾌적하다. 부용대에 올라 마을을 한눈에 담아보고, 마을 둘레도 한 바퀴 걸어봐야 든든하다. 하회마을에 갔다면 자연 속에 녹아든 병산서원도 챙겨 보자. 서애 류성룡이 특히 좋아했다는 배롱나무가 반기는 서원, 입교당 대청에 앉아 만대루와 병산을 감상하는 거다.

영덕
괴시리마을

영해부 읍내면 소속으로 호지마 또는 호지촌이라 불린 마을. 고려 말엽에 목은 이색이 중국에 사신으로 다녀와서, 고향인 이곳 지형이 중국의 괴시槐市라는 마을과 흡사하다 하여 이름 붙인 괴시마을이다. 괴시마을은

경북 동해안의 전통마을로, 마을 뒤쪽 산자락을 오르면 목은 선생의 생가지와 기념관이 조성돼 있다.

인조 8년(1630년) 영양남씨들이 정착하며 그 후손이 세거해 온 집성 반촌. 영덕에는 괴시리전통마을과 함께 인량리에 인량전통마을이 있다. 두 마을로 하여 바다와 접한 도시라고만 알던 영덕을 다시 본다.

마을에는 영양남씨 괴시파종택과 다수의 고택, 서당, 정자, 재사 등 전통건축물이 남아 있다.

영암
구림마을

월출산이 병풍을 두른 구림마을엔 무려 이천여 년의 역사가 흐른다. 백제 때 일본 왕의 스승이 된 왕인박사, 고려 태조의 탄생을 예언한 풍수지리의 대가 도선국사, 조선 시대의 문신이자 서예가인 고죽孤竹 최경창이 태어난 마을이다.

구림 대동계는 1565년경 박규정, 임호 등이 만든 향약 전통 계다. 대동계의 집회 장소이자 마을 행사를 했던 회사정에 다다르니 눈보라가 몰아친다. 저도 나도 속수무책일 지경이다.

해주최씨 위패를 봉안한 동계사 앞뜰에서 고죽시비를 만났다. '묏버들 필히 것거 보내노라 님의 손듸…' 먼 시간을 거슬러 애틋한 정한을 읽는다. 문중이 최경창을 기리며 세운 고죽관에 가니 준비한 듯 눈발이 펄펄 날린다. 최경창과 홍랑이 신분의 벽을 넘어 나눈 사랑도 이처럼 몰아쳤던가.

구림 안용당고택 방 쪽문을 열면 대나무 숲인데 그곳에 밤새 퍼붓던 소나기 소리가 여직 들린다. 대숲을 좍좍 훑던 빗소리는, 비가 아니라 대숲을 스치는 바람 소리였다.

영암이라는 지명보다 오래된 영암 구림마을은 하루이틀에 다 돌아볼 마을이 아니다.

사진 _ 회사정, 고죽관, 안용당, 창녕조씨 문중 종가, 영보정

전주한옥마을

전통마을 탐방 결과를 취합하며 전주한옥마을을 뺄 수 없다. 2004년에 《수필과비평》지로 등단해 정신의 본향 같은 전주. 이 전주에 동계세미나 때마다 들락거렸건만 개인으로 돌아보니 못 본 게 많다.

전주한옥마을은 풍남동 일대에 한옥이 군락을 이룬 전통 한옥촌이다.

우리나라 근대 주거문화 발달 과정의 중요한 공간으로 경기전, 오목대, 전주향교 등 중요문화재가 있다.

오목대가 있는 언덕에 올라 한옥마을 전경을 보니 조선 시대 국조인 태조의 이진을 봉안하고 제사 지내던 고장다운 품위가 있다. 태조 어진을 대면하고 경건해졌으며 실록을 보관한 전주사고史庫 존재에 놀랐다.

최명희문학관에서는 『혼불』 열 권을 한 달 만에 읽은 기억으로, 혼불만 쓰다가 간 작가를 생각하며 묵념하고, 기념 볼펜을 샀다.

한옥에 둘러싸인 전주향교는 첫 방문이나. 요즘, 유별니게 좋아진 은행나무 고목들이 어마어마하다. 은행 단풍을 보러 친구와 가을 나들이를 계획한다.

사진 _ 경기전, 경기전 담장길, 최명희문학관, 전주향교, 오목대

선조들의 삶과 정서가 밴 옛 마을 탐방 수필

뿌리 깊은 한국의 전통마을 32

인 쇄 2023년 8월 14일
발 행 2023년 8월 21일

지은이 김나현
발행인 서정환
펴낸곳 수필과비평사
주 소 서울시 종로구 삼일대로 32길 36(운현신화타워) 305호
전 화 (02) 3675-3885 (063) 275-4000 · 0484
팩 스 (063) 274-3131
이메일 essay321@hanmail.net sina321@hanmail.net
출판등록 제300-2013-133호
인쇄 · 제본 신아문예사

ISBN 979-11-5933-481-8 (03810)

값 18,000원

Printed in KOREA

* 이 도서는 2023년도 한국문화예술위원회 아르코문학창작기금
발간 지원 사업에 선정되어 발간되었습니다.